2005학년도 충북대학교
학술지원사업 선정도서

골프스윙의
ABC

최 종 환

GOLF
SWING
ABC

도서출판 개신

목 차

서　　문

생활수준의 향상과 여가활동의 다양화로 인해 많은 사람들이 스포츠에 관심을 가지기 시작했고, 특히 평생스포츠로써 골프는 '보는 스포츠'에서 실제로 '한 번 해보고 싶은 스포츠' 종목으로 부상하고 있다. 그러나 골프를 처음 시작하고자 하는 사람들에게 전반적인 골프의 이론과 기술을 쉽게 제공할 수 있는 지침서가 아직도 미흡한 편이다. 따라서 여기에 소개하는 "골프 스윙의 ABC"는 최근까지 알려진 이론들을 중심으로 골프 스윙의 기본 원리와 실습방법을 이해하기 쉽고 따라하기 쉽도록 구성하였다.

이 책은 골프에 관심을 가지고 있는 사람들과 학생들의 강의를 위하여 스윙 원리에 입각하여 단계적으로 전개하였다. 총 6장으로 구성된 이 책은 우선 골프경기에 대한 기본적인 규칙, 장비의 명칭과 설명, 올바른 골프 클럽의 쥐기, 자세, 상황에 따른 알맞은 골프 클럽의 선별과 사용법, 효과적이고 정확한 스윙 동작을 위한 원리와 이를 익힐 수 있는 연습방법 등이 제시되었다. 참고적으로, 이 책에서는 동작이나 연습방법을 설명할 때 편의상 오른손잡이를 기준으로 삼았기 때문에 앞발(다리)은 왼쪽의 발(다리)을 의미하고, 뒷발(다리)은 오른쪽 발(다리)을 뜻한다는 것을 유의하여 활용하기 바란다. 그리고 6장에서는 일반 골퍼들이 자주 범하는 잘못된 스윙의 문제점을 고치기 위한 원포인트 스윙 클리닉 내용도 삽입하여 잘못된 스윙동작을 체계적으로 수정하도록 의도하였다.

이 책은 골프의 스윙 원리에 대하여 중점적으로 분석 및 설명하였고, 또한 골프 스윙의 훈련을 위하여 다양한 연습방법을 제시하였기에 골프를 배우고자 하는 일반 초보자들에게는 골프 입문의 훌륭한 길잡이로써 이용될 것이고, 한편 숙련자들에게는 기술적 점검 참고서로써 활용될 것이다. 아무쪼록 독자 여러분들에게 대단히 유익한 교재가 될 수 있기를 바란다.

끝으로 이 책이 나오기까지 도움을 주신 도서출판 개신의 출판부장님이신 김영기 교수님, 박주연 담당선생님, 그리고 학과 선생님들께 감사드린다.

2006년 12월 21일

최 종 환

제1장

골프 경기

골프의 기원은 확실하지 않다. 몇몇 역사학자나 체육사 연구자들은 골프의 형태가 Greece에서 시작되었다고 하고, 혹자는 스코틀랜드의 양치기 목동들이 양을 돌보면서 지팡이로 돌을 치는 놀이가 그 기원이라고 한다. 그렇지만 근대의 골프경기는 1744년경 스코틀랜드의 St. Andrews에서 시작되었고, 실질적인 공식경기는 1860년 St. Andrews에서 열린 제1회 전 영국오픈 선수권대회였다. 그리고 영국에서만 성행하던 골프가 1888년에는 스코틀랜드 사람들에 의하여 미국 뉴욕 주 Yonkers에 골프장이 만들어지며 미국에도 소개되기 시작하였다. 처음에 이 경기장은 6개의 홀로 구성된 소규모의 골프클럽이었으며, 소수의 사람들만이 이용하였다. 그러나 이러한 골프장들이 점차 발전되어 오늘날의 정규 경기장은 250 에이커 넓이의 18홀을 갖추게 되었다. 점차 정규 골프장이 많이 건설되면서, 현대사회의 골프경기는 다양한 수준의 사람들이 커다란 무리 없이 다함께 경기를 할 수 있는 대중적인 운동이 되었다.

1. 경기의 방법

골프경기의 목표는 작고 딱딱한 공(golf ball)을 되도록 적은 타수로 쳐서 목표지점인 그린(green) 위의 홀(hole) 컵에 넣는 것이다. 이때 골프공은 우드(wood)나 아이언(iron)의 형태로 만들어진 클럽으로 치게 된다. 골퍼(golfer)는 원하는 방향과 거리로 정지되어 있는 자신의 공을 적당한 클럽으로 쳐야한다. 하나의 홀에 대한 골퍼의 점수(타수)는 티 박스(tee box)에서 시작하여 홀컵에 넣을 때까지 친 횟수의 합이다. 일반적으로 골프 경기는 총 18개의 홀로 구성되어있다.

골프는 혼자서 혹은 다른 동반자 1명에서 3명까지 함께 경기를 할 수 있다. 골프장 각 홀의 길이는 약 85 야드에서 600 야드까지 다양하고, 보통 쇼트 홀(short hole)은 85~245 야드, 미들 홀(middle hole)은 245~445 야드, 그리고 롱 홀(long hole)은 445~600 야드의 길이로 이루어졌다. 따라서 18홀의 정규 골프 코스(course)는 5,600에서 7,200 야드까지 다양하게 구성된다.

선수들에게 어려움이나 도전을 제공하는 골프장은 각 홀의 다양한 길이 이외에도 다른 구성요인들을 가지고 있다(그림 1-1).

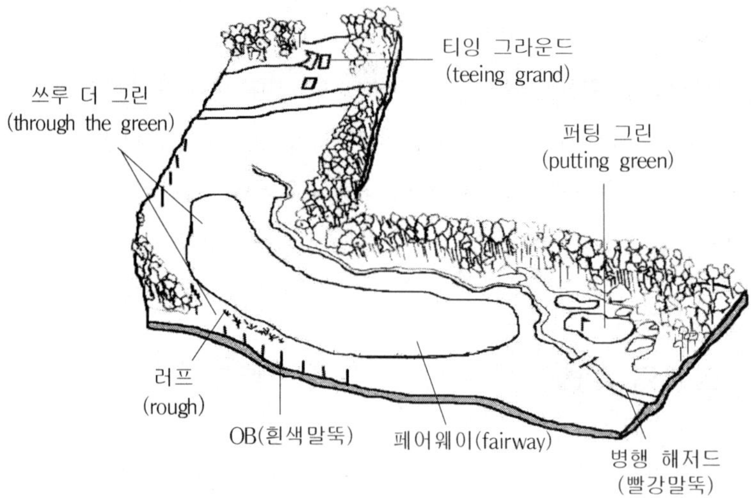

그림 1-1. 홀의 구성 예

모든 골프 홀들은 티잉(teeing) 지역, 페어웨이(fairway), 러프(rough), 퍼팅 그린(putting green), 그리고 홀컵(hole cup)의 5가지 구성요인으로 되어 있다. 티부터 그린까지 이어지는 길(path)이 페어웨이이고, 이 지역의 잔디는 공을 치기에 적당한 길이의 상태로 되어있다. 페어웨이의 지역은 폭이 넓거나 혹은 좁을 수도 있고, 때로는 부드럽거나 혹은 거칠 수도 있다. 또한 큰 나무나 낮은 나무의 숲 혹은 모래 함정(bunker)이 페어웨이의 중간이나 옆에 놓일 수도 있다. 페어웨이를 좌우로 벗어나면 대체로 긴 풀의 러프지역으로 이어진다. 불행히도 친 공이 페어웨이의 주변에 있는 긴 풀의 지역에 떨어질 수도 있다.

이렇게 긴 풀은 나무나 숲의 지역과 같이 하나의 천연 장애물이라고 볼 수 있다. 실제로 이곳에서 정상적으로 공을 치기는 대단히 어렵다. 왜냐하면 풀이 길기 때문에 스윙이 제대로 이루어지지 않고 안쪽으로 감기는 경향이 있기 때문이다. 그리고 각 홀은 경기장을 표시하는 특정의 경계로 구분되어 있는데, 이것을 표시하기 위하여 OB(out-of-bounds) 말뚝을 세워놓는다. 만약 공을 OB밖으로 치면 1~2개의 벌타를 부과 받게 된다. 또한 공이 모래나 물이 있는 해저드(hazard)에 떨어질 수 있다.

골프 코스에서 이와 같은 어려움은 해저드나 트러블(trouble)이라고 부른다. 그리고 최종적으로 공을 홀컵(hole-cup)에 넣기 위하여 그린(putting green) 위에 올려놓아야 한다. 이 그린은 대체로 부드럽거나 혹은 억센 잔디로 되어 있는데 공이 잘 구르도록 짧게 깎여져 있다. 이때 그린 위에 있는 홀컵(지름 108 mm)의 위치는 경기 당일의 상황에 따라 지정된다.

【골프라는 것】

어른의 특권을 누리면서 어린애의 장난이 묵인되는 놀이

- 사무엘 존슨 -

당신의 자존심이 원하는 것, 당신의 경험이 명하는 것, 그리고 당신의 용기가 허용하는 것의 3가지 타협 산물이다.

- 부루스 크램튼 -

이 세상에서 가장 힘든, 그러나 속이기에는 가장 쉬운 경기.

- 데이브 힐 -

한 엉터리 골퍼가 그에게 배정된 캐디에게 물었다.
"4 더하기 7 더하기 3은 얼마지요?"
캐디가 순간 당황하면서 대답했다.
"9인가요?"
그는 미소를 지었다.
"됐어요. 자, 오늘 잘 해봅시다."

- 골프 스카이 -

2. 점수(타수)의 계산

골퍼(golfer)로서 개인의 능력은 매 홀에서 티샷을 하여 홀컵에 골프공을 넣을 때까지 친 타수의 합을 가지고 평가된다. 스윙을 통하여 실제로 공을 쳤는 혹은 치지 못했든 간에 의도적인 스윙은 하나의 타수(stroke)로 간주되고, 공을 홀컵에 떨어뜨리기 위하여 마지막으로 타구한 것(hole-out)까지 계산되어야 한다. 골프 1라운드(round)의 점수는 18홀 동안 친 총 타수의 합을 말한다. 따라서 더 적은 타수를 기록한 사람이 더 훌륭한 선수이고, 더 많은 타수를 친 사람이 뒤떨어지는 실력의 선수라고 볼 수 있다. 골프경기는 다른 골퍼들과 비교하여 경쟁하는 것도 가능하고, 각 개인의 지난 라운드 기록과 비교하여 성취감을 갖는 것도 가능하다.

각 홀에서 지정된 타수에 홀 아웃(hole-out)을 하는 것을 '파(par, 기준타)'라고 부르는데, 각 홀의 길이에 따라 파(기준타)의 수가 다르다. 즉, 쇼트 홀의 파는 3타, 미들 홀의 파는 4타, 그리고 롱 홀(long hole)의 파는 5타이다. 물론 이것은 골퍼가 공을 그린 위에 한번 올려놓은 후에는 2번의 퍼트(putts)에 의해 마무리된다는 기본 전제 하에서 설명된 것이다. 따라서 만약 이상의 기준타 조건을 충족시키기 위하여 그린 위에서 2번의 퍼트로 홀 아웃을 했다고 가정하면, 쇼트 홀은 티 박스에서 한 번의 샷(shot)으로 공을 그린 위에 올려야 하고, 미들 홀은 두 번의 샷으로 그린 위에 공을 올려야 하며, 롱홀에서는 세 번의 샷으로 그린 위에 공을 올려야 한다. 일반적으로 전형적인 18홀의 골프코스는 파 3홀이 4개, 파 4홀이 10개, 파 5홀이 4개로 구성되어서 골프코스의 기준타수는 72타이다(종종 특정의 골프코스는 파 5홀을 4개에서 3개로 줄인 반면에, 파 4홀을 10개에서 11개로 증가시켜 기준타수가 71타인 코스도 있다).

각 홀에서 골퍼가 파를 기준으로 얼마나 점수를 냈는가를 부르는 용어가 있다. 우선 '에이스(ace)' 혹은 '홀인원(hole-in-one)'은 한 번의 스윙으로 홀컵에 집어넣는 경우이다. 이것은 대단히 드문 경우인데 종종 파 3홀에서 일어난다. 또한 '앨버트로스(albatross)'는 한 홀에서 파보다 3타가 적은 타수로 홀컵에 공을 넣는 경우인데, 파 5홀에서 단 2타만으로 홀 아웃(hole-out) 하면서 일어난다. '이글(eagle)'은 한 홀에서 파보다 2타가 적은 타수로 홀컵에 공을 넣는 경우이다. 그리고 '버디(birdie)'는 역시 파보다 1타가 적은 타수로 홀 아웃 하는 경우이다. 한편 보통 아마추어 골퍼들의 경우 한 홀에서 파보다 더 많은 타수를 치는 것이 일반적이다. 이때 파(par)보다 1타를 더 치면 '보기(bogey, 혹은 single bogey)', 2타를 더치면 '더블 보기(double bogey)', 3타를 더치면 '트리플 보기(triple bogey)', 그리고 4타를 더치면 '쿼더러플 보기(quadruple bogey)'라고 부른다.

3. 경기 방식

골프의 경기는 크게 스트로크 플레이(stroke play)와 매치 플레이(match play) 경기 방식으로 나눌 수 있다.

우선 스트로크 플레이는 정해진 라운드 당 스트로크(stroke)한 총 타수의 많고 적음에 의하여 승자를 결정하는 방법으로써 대부분 공식경기에서 이 방법을 주로 채택하고 있다. 특히,

이러한 경기 방식은 아무리 많은 인원이 경기에 참가하더라도 단시일 내에 골퍼들의 총 타수로 승부를 간단히 결정할 수 있다. 예를 들어, 1 라운드 경기(18홀)에서 C씨가 78타이고, L씨가 80타라고 할 때, C씨가 경기에서 이기게 된다. 물론 핸디캡을 적용하지 않는 경기 방식(scratch)의 경우에 그렇다. 만약 핸디캡을 적용하여 행하는 언더 핸디캡(under handicap) 경기에서는 해당골퍼의 핸디캡의 숫자를 제외한 점수로 순위를 결정한다. 그런데 2명의 골퍼가 같은 타수로 공동 1위가 되었을 경우 정식의 골프대회에서는 당일 경기의 규정에 따라 한 홀씩 연장전을 행하여 승자를 결정하는 방법(sudden death 방식)이 있고, 한편 동호인들의 월례회 등에서는 이미 경기가 끝난 전 홀의 점수가 좋은 사람을 승자로 하는 방식(back count 방식), 혹은 연상의 경기자나 핸디캡이 많은 사람을 승자로 하는 방식, 최초의 9홀 점수가 좋은 사람을 승자로 결정하는 방식 등도 있다.

매치 플레이 방식은 전체 홀의 총 타수 합은 계산하지 않고, 매 홀에서 오로지 상대방에게 이기거나 진 횟수만을 계산하여 이긴 홀수가 많은 골퍼가 승자가 되는 것이다. 기본적으로 2명의 골퍼가 1대1로 하는 경기인데, 1홀을 이겼을 때 1 up이라 하고, 1홀을 졌을 때 1 down이라고 부르며, 무승부는 하프(half)라고 한다. 경기 진행 중 이긴 홀의 수가 진 홀의 수와 같을 때 올 스퀘어(all square)라고 부른다. 이러한 방식은 근대 골프가 성행할 당시에 주로 채택되었었다.

이상의 경기방식 이외에도 4명이 2인 1조씩 짝을 이루어 1개의 공을 교대로 치는 퍼섬(foursome ; 스트로크나 매치플레이 경기 가능) 경기방식이 있고, 각 홀에서 파에 도전하는 어게인 스트 파(against par)도 있다. 이것은 파를 기준으로 하여 0이라고 하고 오버파는 하나씩 증가할 때마다 마이너스 1씩 증가시키고(보기: −1, 더블보기: −2), 언더파는 거꾸로 하나씩 감소할 때마다 플러스 1씩 증가시키는(버디: +1, 이글: +2) 방법으로 경기 종료 후 플러스 점수가 많은 사람을 승자로 결정하는 방식이다.

또한 포인트 투어니(point tourney), 쓰리볼 매치(three-ball match), 툼스톤(tombstone), 퍼볼 매치(four-ball match), 베스트볼 매치(best-ball match) 등의 경기방식도 있다.

4. 골프의 기본 규칙

기본이 되는 골프의 원칙을 결론부터 말하면, 경기 참가자 모두에게 공평한 플레이 조건을 갖게 하는 것이고, 또한 자기만 유리한 상황이나 조건에서 처리하지 않도록 하는 것이다. 골프의 규칙은 마치 우리의 생활에 적용되는 법 같이 모든 사람들에게 똑같이 적용되는 것이다. 이와 같은 전제를 바탕으로 골프규칙은 골프 클럽, 공, 그리고 자연 및 인공적으로 만들어진 코스의 요인들과 상호작용하면서 직면하는 수많은 상황들을 통제한다. 따라서 아마추어의 골퍼들이 경기를 잘 치르기 위해서는 모든 규칙의 전문적인 사항이나 용어를 프로선수들과 같이 다 알아야 할 필요는 없지만, 경기 중에 자주 직면하게 되는 상황은 반드시 알아야 한다. 골프의 규칙은 경기의 방향과 질서를 위한 기본 틀을 제공하고 있기 때문에, 만일 골퍼가 규칙들을 빨리 이해하면 할수록 더욱 더 골프를 즐길 수 있게 된다.

만약에 골퍼가 의도적으로 규칙을 따르지 않게 되면, 불필요하게 벌타(타수의 부과)를 받거나, 혹은 속였거나 공정하지 못한 경기를 했다고 비난받게 된다. 일반적으로 골프규칙은 코스의 조건이나 행동에 대한 벌타의 내용을 설명한다. 즉, 공식적인 골프규칙은 공을 치려고 준비하는 골퍼의 동작, 정지된 공의 주변 환경, 그리고 독립적으로 골퍼의 통제 하에 있는 코스조건 등에 관련된 세부사항들을 포함한다. 규칙이 위반되었다면 1개나 2개의 벌타, 혹은 실격을 당하게 된다. 또한 몇몇의 코스조건은 골퍼가 통제할 수 없는 상황(인공수리지, 비나 스프링클러(sprinkler)에 의하여 일시적으로 물이 고여 있는 상태)도 있게 되는데, 이러한 경우에는 벌타가 부과되지 않고 그린에서 가깝지 않은 곳의 현장 후방에 공을 다시 놓는다.

그러면 벌타1, 벌타2, 실격, 그리고 벌타가 없이 후리 드롭(free drop)을 할 수 있는 경우를 간단히 살펴보자.

첫째, 벌타 1개를 받게 되는 상황은 다음의 내용 중 하나이다. 친 공을 5분 내에 찾을 수 없는 경우(lost ball)인데, 공을 방금 전에 쳤던 장소(혹은 티잉 지역)에서 다시 드롭(drop)하고 공을 칠 때 이것이 벌타 1개를 부과하여 제3타(처음의 공을 친 것 포함)가 되는 것이다. 다른 경우는 친 공이 OB의 경계를 넘어갔을 때, 원구를 쳤던 장소에서 다시 다른 공을 놓고 치면 역시 벌타 1개를 부과 받게 되고 다시 치는 공이 제 3타의 타수(stroke)가 된다. 또한 워터 해저드(병행 해저드 포함)에 친 공이 들어갔을 때에도 벌타 1개를 부과 받게 되고, 해저드를 제외한 곳에서 경기를 할 수 없는 상황이라고 판단한 후 '언플레이어블 라이(unplayable lie)'라고 선언하고 드롭을 한 경우도 한 개의 벌타를 받게 되며, 실수로 원래의 공 위치를 변경시켰을 때에도 1개의 벌타를 받고 공을 원래의 위치로 놓아야 한다. 끝으로 샷을 할 목적으로 스윙을 했는데 공을 맞추지 못했을 때에도 1개의 stroke로 계산하여야 한다.

둘째, 2개의 벌타를 받게 되는 경우는 다음의 구체적인 내용에 부합되는 경우이다. 해저드(모래 벙커, 물 등) 내에서 골프 클럽을 지면에 닿게 했을 때 벌타 2개를 부과 받는다. 타인의 공을 치는 경우도 2개의 벌타가 적용되고, 그린 위에서 퍼팅을 할 때 타인의 공이나 홀컵에 꽂혀있는 깃대를 맞추면 역시 2개의 벌타를 부여받게 된다. 또한 정식 경기에서 자신의 캐디가 아닌 타인에게 홀까지의 길이나 몇 번 클럽을 사용했는지를 묻는 것도 벌타 2개를 받게 된다.

셋째, 실격이 되는 경우는 타인의 공을 잘못 치고도 다음 홀에서 티샷을 하기 전에 이를 교정하지 않은 경우이다. 그리고 특정한 홀에서 실수로 자신이 친 타수보다 적게 기록하여 스코어 카드를 제출하면 역시 실격이 된다.

넷째, 치려는 공의 위치나 환경이 다음의 경우에 처해 있으면 벌타 없이 공을 놓고 플레이 할 수 있다(free drop). 골프코스의 수리지, 버팀목으로 나무를 둘러싼 지역, 스프링클러 머리(sprinkler heads) 위나 근처, 비나 스프링클러에 의하여 일시적으로 물이 고여 있는 지역, 각종 해충에 의해 구멍이 생긴 지역이 후리 드롭(free drop) 조건이다. 드롭을 할 때는 반드시 원래의 공이 있던 지점의 가까운 지역에서 홀컵과 가깝지 않은 등거리선상이나 후방에서 자리를 잡고, 홀을 마주보면서 팔을 어깨높이로 들고 공을 떨어뜨린다. 이때 공은 두 클럽이내에 떨어뜨려야 한다.

미국에서 거짓말쟁이를 가장 많이 만들어내는 곳 둘 중 첫째는 국세청이고, 두 번째는 골프게임이다. -윌 로저스-

남자 4대 메이저스(Majors):
마스터즈, US오픈, 브리티쉬 오픈, PGA챔피언쉽

절벽 위에 만들어진 샌프란시스코 남부, 마너레이 반도에 페블비치 골프 링크스가 있다. 8번 홀에서 티 샷을 하고, 볼이 해안선 너머 바다쪽으로 날아가는 것 같아 확실히 보려고 옆으로 자꾸 나가다가 절벽 밑 태평양으로 떨어져 죽은 사람이 있는 유명한 곳이다.

최고산지대 골프장은? 해발 4,369 m인 페루의 툭투 골프 클럽

최저지대 골프장은? 해저 3,810 m로 사해 동북 해안 제리코 남쪽 칼리아 호텔의 9홀 골프코스

최소 골프장은? 영국 남서쪽 넓이 600 에이커의 메이섬으로 농부, 사냥꾼, 등대지기 셋이서 미니 클럽을 조직한 4홀짜리 골프장

최장거리 골프장은? 캐나다 동쪽 국립공원지대에 있는 섬으로 거리 표지판이 티에만 있는 것이 아니라, 한 홀 치고 그린을 나오면 거리 표지판이 서 있는데, 다음 홀 티까지의 거리 표시로 수 km가 된다. 18홀을 다 돌면 섬을 일주하게 된다.

핸디캡 계산 방법: 핸디캡의 목표는 잘 치는 사람과 못 치는 사람이 함께 칠 수 있도록 공평한 경기가 되도록 하는 데 있다. 즉 코스 레이팅(course rating)과 골퍼의 평소 타수(점수)를 연관시켜 산정한다. 예를 들면, 최근 20번 친 것 중 제일 잘 친 열 번의 평균이 90이고 코스 레이팅이 70이라면, 90에서 70을 빼고 남은 20의 85%인 17이 핸디캡이 된다.

제2장

골프 장비의 구성

1. 골프의 클럽

골프 경기 중에는 개인의 희망에 따라 퍼터(putter)를 포함하여 14개의 골프 클럽을 임의로 사용할 수 있다. 그러나 14개 이상의 골프 클럽이나 14개 이외의 타인 클럽을 빌려서 쓸 수 없도록 규정되어 있다(위반시 한 홀에 2벌타를 적용 받는다).

클럽의 길이와 로프트(loft) 각도

보통 골프 클럽은 우드(wood)와 아이언(iron)으로 구성되며, 로프트 각도(그림 2-1)와 클럽 길이가 클럽의 번호에 따라 각기 다양하다.

보통 로프트(loft) 각도는 클럽의 면(face)이 수직에서 뒤쪽으로 경사진 각도를 말하는데, 거의 수직면에서 9~10°정도 뒤쪽으로 경사진 1번 우드(driver)로부터 약 60°까지 경사진 웨찌(wedge)가 있다(예, 드라이버(driver)－9°와 로브(lob) 웨찌－60°). 이때 로프트의 각도가 크면 클수록 클럽의 길이는 짧고, 로프트의 각도가 적으면 적을수록 클럽의 길이는 길다. 로프트의 각도는 공을 칠 때 떠오르는 각도와 관계있으므로, 로프트가 크고 클럽길이가 짧은 아이언의 공 비행거리는 짧지만 공을 높이 칠 수 있다. 반면에 로프트는 적고 길이가 큰 클럽(우드나 긴 아이언)들은 공의 비행거리는 길지만 공을 높게 칠 수 없다(그림 2-2). 일반적으로 클럽의 번호가 1단계씩 줄어들면 1/2인치(약 1.27 cm)정도씩 짧아진다. 참고적으로 남·여의 골프 클럽의 길이는 차이가 있다. 일반적으로 표준 남자의 골프 클럽이 여자의 골프클럽보다 1인치(inch) 정도 길게 되어있다. 또한 개인의 신장에 따라 전체적인 클럽의 길이를 다르게 하고 있다.

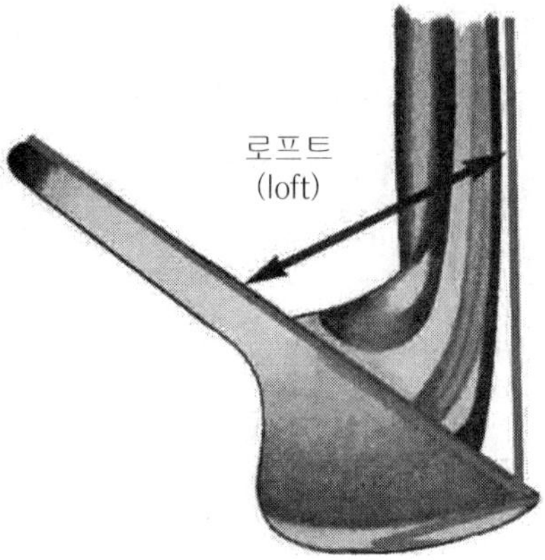

그림 2-1. 클럽의 로프트

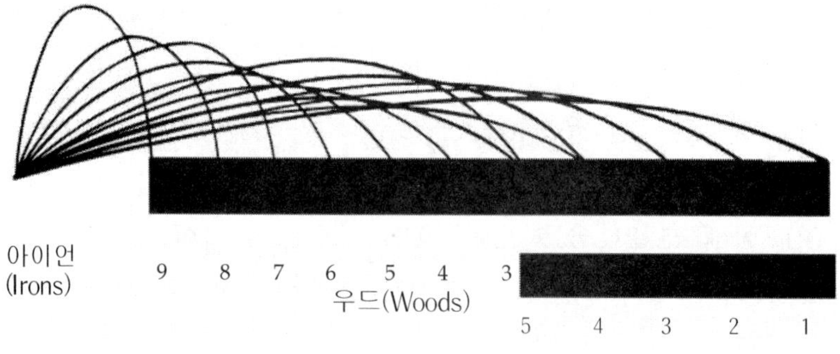

그림 2-2. 각 클럽에 의한 상대적 공의 비행탄도와 거리

각 클럽으로 공을 칠 때 나타나는 표준거리는 사람에 따라 다르다. 하지만 일반적으로 각 클럽의 로프트 각도 때문에 번호가 높은 클럽{9번 클럽이나 피칭(pitching) 클럽}은 공을 높고 짧게 날아가게 하는 속성을 가지고 있고, 번호가 낮은 클럽(4번이나 3번 아이언)은 공을 낮게 밀리 보내는 특성을 가지고 있다. 그러나 초보자의 경우는 같은 클럽을 이용하더라도 매번 거리나 공의 높이가 다르게 나타나는데, 그것은 그들이 공을 칠 때마다 스윙 방법이나 임팩트(impact, 공이 클럽의 정면과 접촉하는) 순간 클럽의 위치, 그리고 신체의 각 분절 위치 등이 각기 다르게 작용하고 있기 때문이다. 그러므로 공의 거리나 높이를 일정하게 보내기 위해서는 올바른 스윙 동작, 정확한 임팩트, 적절한 몸의 자세 등이 일정하게 이루어져야 한다. 그런 후에 각 클럽에 맞는 일정한 거리와 공의 비행탄도를 일반화시켜 보다 정확한 골프 샷(shot)을 만들 수 있다.

따라서 골퍼는 훌륭한 경기를 수행하기 위해서 각 클럽을 이용하여 공을 어느 정도 거리까지 보낼 수 있는지 표준거리를 알아야 한다. 일단 각 클럽의 표준거리를 알고 나면, 보다 정확한 샷과 함께 골프 경기와 좋은 타수(stroke- saving)를 얻을 수 있다. 일반적으로 각 아이언 클럽간의 거리 차는 8~12 야드(yard, 약 7.3~11 m)가 되고, 보통 각 우드 클럽간의 거리 차는 15~25 야드(약 13.7~23 m) 정도가 된다.

아이언은 보통 2번부터 9번, 그리고 피칭(pitching)과 샌드(sand) 웨찌를 널리 이용하고 있다. 각 클럽은 아래 그림 2-3에서 보는 바와 같은 명칭을 가지고 있다. 롱(long) 아이언은 보통 2번부터 4번까지를 말하고, 미들(middle) 아이언은 5번부터 7번까지 혹은 8번까지를 말하고, 끝으로 쇼트(short) 아이언은 8번부터 9번 또는 샌드 웨찌까지를 말한다. 일반적으로 롱 아이언에서 쇼트 아이언으로 내려올수록 클럽의 로프트 각도는 커지고 클럽 길이는 짧아지므로, 공의 비행 탄도는 높고 거리는 짧아진다.

덧붙여서, 웨찌는 모래 위에서 샷, 피칭 혹은 치핑 등의 목적을 위하여 특별히 고안된 것이라 볼 수 있다. 다른 아이언들과 눈에 띄게 다른 점은 웨찌의 넓고 두툼한 밑부분(sole), 대단히 큰 로프트 각도, 그리고 부가된 클럽의 무게이다(그림 2-4). 이때 넓고 두툼한 sole은 클럽이 모래 속으로 파고 들어가지 못하도록 하면서, 동시에 적당한 깊이에서 튕겨지면서 모래를 쓸고 밖으로 나가도록 되어 있다.

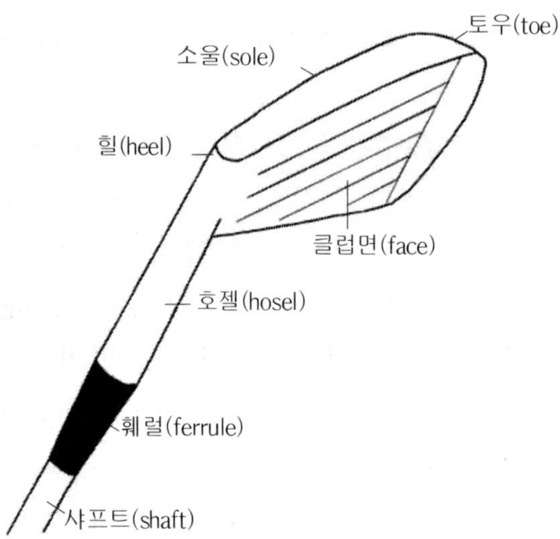

그림 2-3. 아이언 클럽의 구조와 명칭

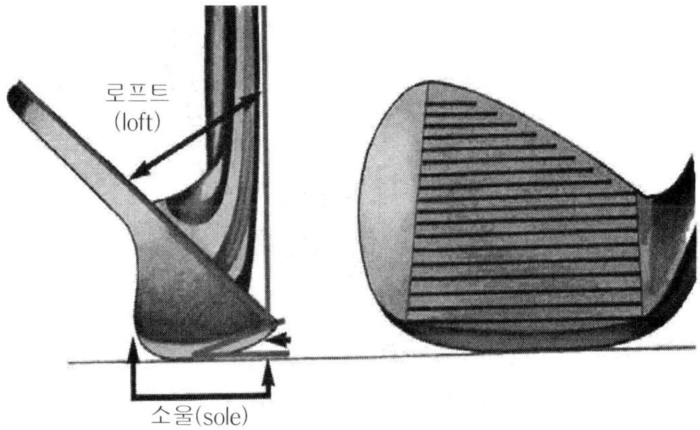

그림 2-4. 웨찌의 구조

한편, 우드(wood)는 일반적으로 1번(드라이버, driver), 3번(스푼, spoon), 그리고 5번(클리크, cleek)이 주로 쓰인다. 1번 우드 즉, 드라이버는 그림 2-5에서 보는 바와 같이 클럽 길이가 가장 길고 가장 적은 로프트 각도(예, 9°~11°)를 가지고 있어 공의 비행 궤도가 가장 낮고, 공을 가장 멀리 날릴 수 있는 특성을 가지고 있다. 3번 우드는 1번 우드보다 클럽 길이가 짧고, 1번보다 3번의 로프트 각도(예, 15°정도)가 약간 크다. 5번 우드는 1번이나 3번 우드보다 클럽 길이가 짧고, 로프트 각도(21°정도)는 이들보다 더 크다. 최근에는 개인의 선호도에 따라 로프트 각도가 큰 7번이나 9번 우드의 빈번한 사용이 증가되고 있다.

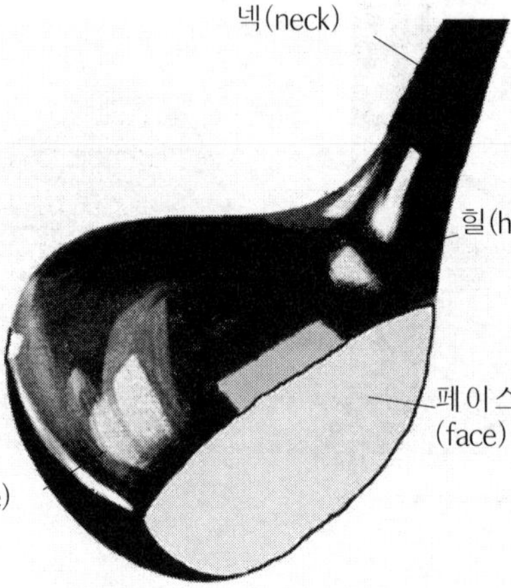

그림 2-5. 드라이버 구조와 명칭

퍼터는 그린(green) 위에서 홀컵(hole-cup)에 골프공을 넣는 데 필요한 도구이다. 또한 퍼팅 방법은 개인의 취향에 따라 다양하므로 퍼터의 모양이나 샤프트(shaft)의 길이도 각양각색이다. 현재 수십 종류의 퍼터가 이용되고 있지만, 그들은 클럽 헤드(head)의 모양에 따라 크게 3가지 종류로 나눌 수 있다. 즉, 그림 2-6에서 보는바와 같이 한쪽 면만을 사용하는 원웨이(one-way)형, 양면을 사용할 수 있는 투웨이(two-way)형이 있다. 그리고 한쪽 면만을 사용하면서 뒷면이 주먹같이 생긴 멜리트(mallet)형(최근에는 two-ball 퍼터의 형)이 있다. 또한 퍼터 샤프트의 길이, 로프트의 각도, 그리고 그립의 형태도 각각 다양하다. 그러므로 개인의 취향에 따라 자연스럽고 편리한 것을 선별하여 사용하는 것이 옳다.

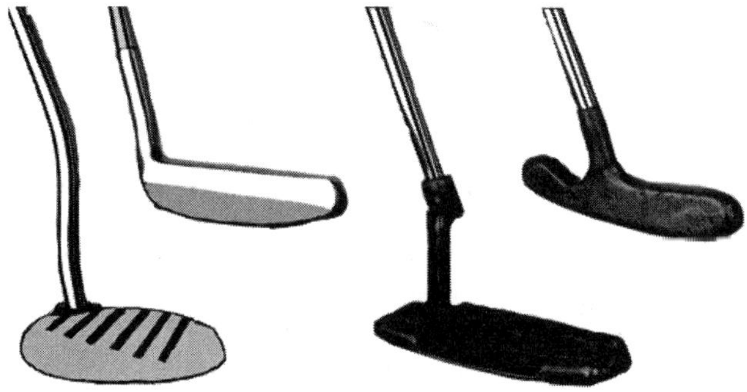

그림 2-6. 다양한 모양의 퍼터
(왼쪽 위로부터 시계방향 : one-way형, A와 B형, two-way형, mallet형)

골프경기에서 가장 중요한 클럽:
첫째, 드라이버; 둘째, 퍼터; 셋째, 웨찌- 벤 호겐
(드라이버가 심리적으로 자신감을 제공하기 때문에)
첫째, 퍼터; 둘째, 드라이버; 셋째, 웨찌 - 하비 패닉
(퍼터는 스코어 관리에 가장 필수적 도구이기 때문에)

한 치과의사가 골프백을 어깨에 걸치고 사무실을 빠져
나가는데 접수 간호사가 가로막았다.
"선생님, 고객한테서 전화 왔어요.
오늘 오후에 오겠다는데 어떻게 할까요?"
"오늘 오후에는 절대로 안된다고 대답해요.
내가 구멍 18개를 메우느라고 아주 바쁘기
때문이라고."
-골프 휴머-

클럽 샤프트의 특성

골프 클럽의 구성에 있어서, 샤프트의 유연성은 대단히 중요하다. 아무리 비싼 클럽이라도 자신의 체력이나 신체적 특징, 그리고 스윙 헤드스피드 등이 고려되지 않은 샤프트의 골프클럽은 전혀 쓸모없는 물건이 된다. 왜냐하면 이 샤프트는 헤드스피드 클럽의 중량, 스윙밸런스, 풀렉스 포인트(flex point, 혹은 kick point) 등에 직접 영향을 끼치기 때문이다.

스윙 시 클럽헤드가 공을 가격할 때 내는 속도를 '헤드스피드(head speed)'라 부르는데, 이 헤드스피드가 시속 130~150 km나 그 이하를 내는 초보자 및 여성(노인 등)은 샤프트에 'R(regular medium)'이나 'A(medium flex)'이라고 표시되어 있는 것을 사용하는 것이 좋고, 시속 150 km이상을 내는 상급자나 프로는 'S(stiff)'나 'XS(extra stiff)'라고 표시되어 있는 샤프트를 써야만 공을 멀리 정확하게 보낼 수 있다.

또한 클럽헤드의 중량도 스윙에 있어서 매우 중요하다. 클럽의 중량은 크게 손으로 들 때 느껴지는 실제의 중량과 스윙을 했을 때 느껴지는 중량(혹은 swing-weight)으로 구분하나, 골프 경기에서는 스윙을 할 때 느껴지는 스윙웨이트가 더욱 중요하다. 이 스윙웨이트는 클럽의 헤드 쪽과 그립 쪽 간의 밸런스(균형)를 일컫는 것인데, 클럽을 손가락이나 축이 되는 물체 위에 올려놓고 수평이 되는 바로 이지점이 밸런스 지점이 된다. 클럽헤드의 무게가 무거우면 무거울수록 손가락의 위치가 헤드 쪽으로 이동되는데, 이때 스윙웨이트 밸런스 지점도 가벼운 순서에서 무거운 순서로 A, B, C, D, E의 단계로 나누어지고, 이러한 단계가 세부적으로 정도에 따라 0부터 9까지 10등분으로 다시 구분된다. 일반적으로 힘이 약한 남성이나 일반 여성은 C0~C9, 일반 남성은 D0~D3, 힘센 남성과 일반 프로는 D5~D9, 그리고 프로나 힘껏 공을 치는 사람은 E의 스윙웨이트 밸런스를 이용해야 한다. 즉, 클럽헤드의 무게가 무거울수록 힘이 있게 스윙을 하는 사람이나 상급자가 이용하는 것이 효과적이라는 의미가 된다.

보통 클럽을 선택할 때 소홀히 하면서 넘어가는 부분이 있는데 바로 '플렉스 포인트(flex 혹은 kick point)'이다. 플렉스 포인트는 샤프트 그립부분을 고정시키고 힘을 가했을 때 샤프트가 휘어지는 부분을 말하는데, 이것은 밴드 포인트(bend point)와는 다른 것이다. 밴드 포인트는 샤프트 양끝을 고정시키고 힘을 가했을 때 휘는 부분을 말한다. 일반적으로 공의 비행탄도와 스윙스피드에 크게 영향을 주는 플렉스 포인트는 하이(high) 또는 로우(low) 플렉스 포인트로 구분할 수 있다. 이들 두 지점간의 거리차이는 보통 2~3인치로 되어 있다. 우선 하이 플렉스의 포인트는 샤프트의 높은 지점에서 휘게 되므로 저탄도의 비행 공이 나오게 되고, 반면에 로우 플렉스의 포인트는 낮은 지점에서 휘게 되므로 고탄도의 비행 공이 나오게 된다. 스윙스피드가 낮은 사람은 공의 탄도를 최대로 할 수 있는 스핀력이 부족하기 때문에 이를 보강해 주는 고탄도의 로우 플렉스 샤프트를 사용해야 한다. 반면에 스윙스피드가 높거나 수준급의 골퍼라면 거리보다는 정확성에 치중해야 하므로 하이 플렉스 샤프트를 사용하는 것이 바람직하다.

2. 골프 공

보통 골프공의 무게는 45.93 g으로 동일하지만 그 지름에 따라 스몰 사이즈(small size)와 라지 사이즈(large size)로 구분된다. 스몰 사이즈(small size)는 지름이 41.15 mm, 라지 사이즈(large size)는 지름이 42.67 mm인데, 최근에 라지 사이즈를 여러 공식대회의 공인 구로 인정하기도 한다.

일반적으로 골프공은 반발력을 가진 합성고무를 사용하여 만든 공을 강력한 고무 실로 감고, 표피를 다시 특수고무(balata)로 둘러 싼 3피스 공(three piece ball)과 공의 전체가 합성고무로 된 것을 표피(lithium surlyn)로 씌운 2피스 공(two piece ball)이 있다(그림 2-7). 대체적으로 프로 골퍼들은 회전력이 뛰어난 3피스 공을 사용하고, 일반 아마추어 골퍼들은 비행거리가 뛰어나고 내구성이 있는 2피스 공을 사용하는 경향이 있다.

또한 골프공은 그 경도(compression, 압축력)에 따라 '경도 100, 90, 그리고 80'과 같이 공의 압축력에 대한 급수가 매겨져 있는데, 초보자나 중급자 골퍼는 경도가 낮은 80~90의 것을, 상급자나 프로 골퍼는 경도가 높은 100의 공을 사용하는 것이 효과적이다.

참고적으로, 골프 공 표면은 모두 오목하게 작은 구멍(dimple)으로 둘러싸여 있다. 이러한 딤플은 공기의 저항을 감소시키며 공의 양력(揚力, 떠오르는 힘)을 유발시켜 비행거리를 증가시킨다.

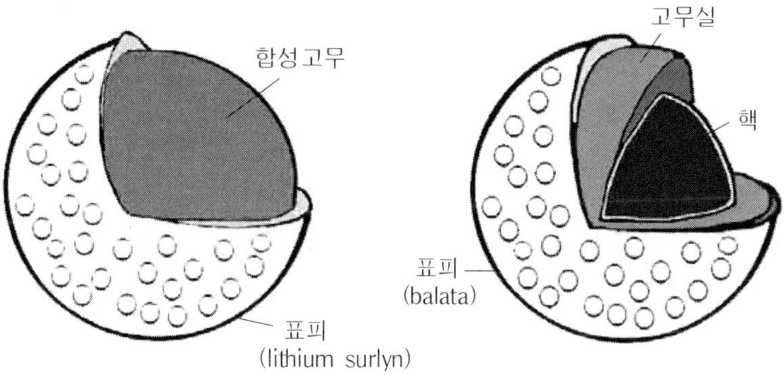

그림 2-7. 공의 구조 (왼쪽 : 2 피스공, 오른쪽 : 3 피스공)

골프는 각자의 공으로 경기를 하는 것을 원칙으로 하므로, 한 라운드의 경기를 행하기 위해서는 최소 2~3개의 여분의 공을 준비해야 한다. 한편 공을 분실할 가능성이 많은 초보자의 경우는 한 라운드에 최소 5~6개의 공을 더 준비하는 것이 좋다.

3. 골프화

골프화는 바닥에 스파이크가 달려있어서 잔디를 보호해주고, 미끄러짐을 방지하여 스윙 시에 몸의 전체적인 균형을 유지하는데 필수적인 장비이다(그림 2-8). 최근에는 그린을 보호하는 차원에서 쇠로 된 스파이크 대신 고무나 플라스틱으로 된 징을 사용하는 경향이 있다. 일반적으로 골프화는 공기의 유통이 좋고, 적당한 무게를 가진 신발을 선택하는 것이 안정감과 피

로도를 줄이는데 유리하다. 그러나 스윙 시에 발이 신발 속에서 마음대로 움직일 정도로 큰 것은 피하는 것이 좋다.

참고적으로, 일반인들이 경기를 하지 않더라도 골프장에 입장할 때는 골프화를 신는 것이 기본적인 에티켓에 속한다. 또한 연습장에서의 연습 시에도 골프화를 신고 연습하는 습관을 기르는 것이 좋다.

4. 골프 장갑

골프장갑은 그립이 미끄러지지 않고, 공을 임팩트할 때 오는 충격으로부터 손의 물집이나 피부의 벗겨짐을 방지하기 위해 사용하는 장비로써, 세무나 양가죽 등의 부드럽고 손에 딱 맞는 것이 좋다(그림 2-8). 오른손잡이의 경우는 대개 왼손에만 사용하지만 양쪽 모두를 사용하는 사람도 있다. 그러나 골퍼의 습관과 취향에 따라 사용하지 않는 경우도 있다.

5. 캐디 백

캐디 백은 골프 클럽을 넣고 다니는 일종의 가방이라 볼 수 있다(그림 2-8). 연습장 등의 장소에서 주로 사용하는 3~4개의 클럽을 가지고 다니는데 사용하는 클럽 케이스보다는 처음부터 캐디 백을 마련해 두면 보다 실용적이다. 캐디 백은 무엇보다도 튼튼한 것이 기본이고, 될 수 있으면 무겁지 않은 것이 좋다.

6. 티(tee)

티는 골프공을 칠 때 올려놓는 받침대를 말하는 것으로, 티잉 그라운드(teeing ground)에서만 사용할 수 있다(그림 2-8). 티의 종류는 나무, 고무, 플라스틱 등 다양하다.

7. 기타 장비

그 밖의 장비로는 클럽 헤드가 캐디 백 안에서 서로 부딪쳐 손상되는 것을 방지하기 위한 헤드 커버, 햇빛을 막아주는 모자, 골프화를 담는 슈즈케이스, 갈아입을 옷이나 세면도구 등을 넣고 다니는 보스턴 백, 수건 등이 있다(그림 2-8).

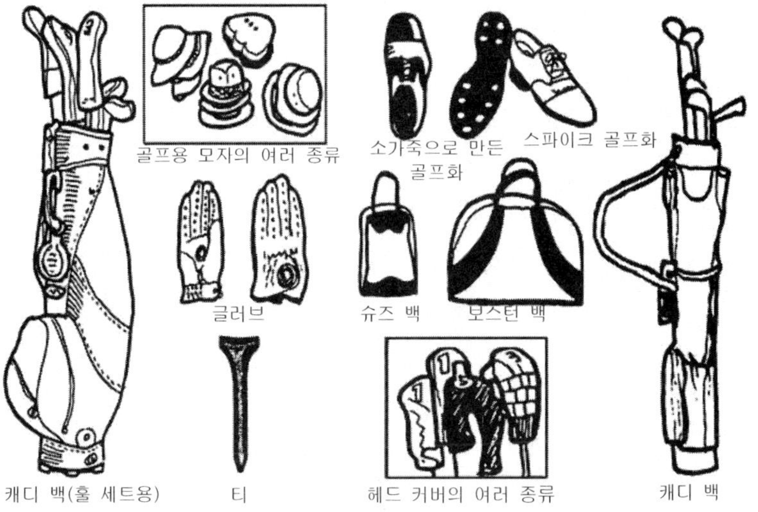

그림 2-8. 골프 용품들

옛날 스코틀랜드 사람들이 홀컵의 크기를 정하지 못하고 의견이 분분할 때 석가모니에게 자문을 구했다. "별걸 다 가지고 고민하는군, 홀컵에는 인간의 백팔번뇌가 모두 쌓이게 되니 108 mm(10.8 cm)로 하거라"하고 석가모니가 말해서 홀컵의 직경이 정해졌다나.

-골프 친구들-

제3장

골프 스윙의 준비

1. 클럽 쥐기(grip)

골프경기에서 그립(grip)의 중요성은 대단하다. 그러나 골프의 가장 기본적인 기술이 올바른 클럽 쥐기인데도 불구하고, 많은 사람들이 이것을 대수롭지 않게 생각하고 골프 스윙을 하고 있다. 그러한 결과로 몇 년 동안 골프를 행하여도 실력이나 기록이 좋아지지 않는 경향이 있다. 골프는 긴 클럽으로 작은 공을 치면서 정확성을 요하는 경기이기 때문에 클럽을 어떻게 쥐느냐에 따라서 슬라이스(slice) 혹은 훅(hook) 성의 공이 되고, 공의 비행거리 차이도 다양하게 나타난다. 그러므로 골프에 있어서 가장 기본적이고 중요한 기술 중 하나가 그립이다. 심지어 이것은 보다 정확한 장타의 샷을 해야만 하는 프로 선수들에게도 역시 예외는 아니다. 세계적인 골퍼인 Greg Norman 같은 선수도 적어도 하루에 20분 정도는 실내에서 클럽을 쥐고 그립 잡는 연습을 한다고 한다.

그립의 기본원칙

그립의 가장 기본적인 원리는 부드럽게 쥐어야 한다는 것이다. 마치 병아리나 계란을 움켜쥐듯이 클럽을 부드럽게 쥐어야 한다. 그립의 기본은 클럽의 손잡이를 향하여 왼손을 쭉 펴는 것이다(그림 3-1 ; 오른손잡이 기준). 이때 손바닥은 목표지점과 정반대로 향하게 하고 클럽(club)의 손잡이(grip) 위에 올려놓는다. 클럽헤드(club head)가 땅에 놓였을 때 클럽페이스(club face)는 목표지점과 정면으로 마주하여야 한다.

왼손의 엄지와 검지를 제외한 나머지 세 손가락으로 쥘 때(그림 3-2), 손가락과 손바닥의 조합을 위하여 샤프트는 대각선으로 놓아야 한다. 그리고 엄지손가락은 샤프트의 중앙선에서 약간 오른쪽으로 놓고 클럽 손잡이를 가볍게 쥔다. 이때 왼손의 검지, 약지, 그리고 새끼손가락으로 약간 압력을 주면서 쥐고, 검지는 권총의 방아쇠를 당기는 듯한 형태를 취한다(그림 3-3).

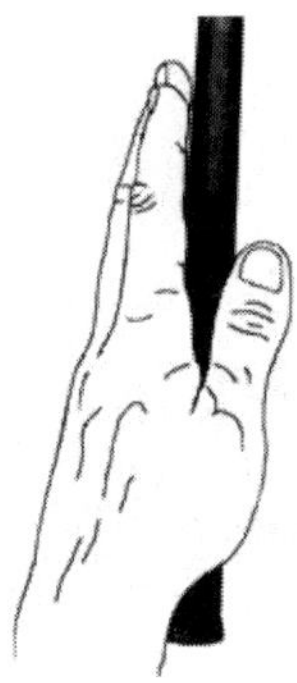

그림 3-1. 왼손 그립의 제 1단계

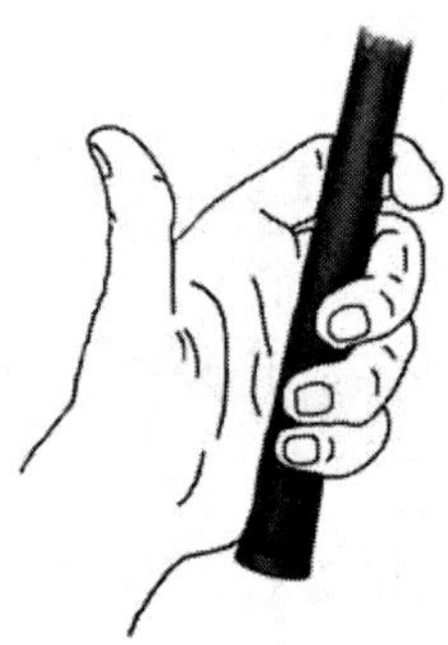

그림 3-2. 왼손 그립의 제 2단계

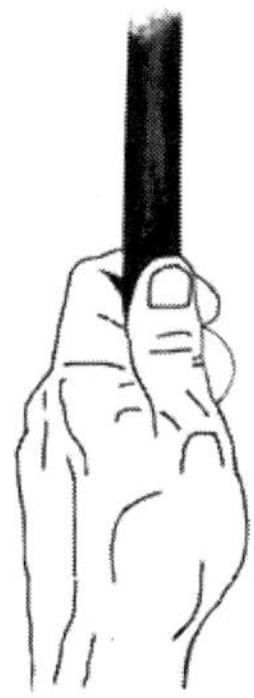

그림 3-3. 왼손 그립의 제 3단계

다음으로 오른손을 클럽의 손잡이 쪽으로 내밀어 오른손 바닥이 목표지점과 정면으로 마주한 클럽 면과 같은 방향으로 하여, 오른손의 중지와 약지 손가락을 그립에 대고, 자연스럽게 오른손의 엄지손가락과 검지를 연결하는 근육의 밑부분으로 왼손의 엄지손가락을 가볍게 누르면서 그립을 잡는다. 그립의 중요한 사항은 양손의 엄지와 검지의 연장선(엄지와 검지에 의해 형성된 V선)은 각자의 오른쪽 어깨를 향하도록 하는 것이 이상적이다(그림 3-4). 마찬가지로 왼손잡이의 경우도 위의 절차를 반대로 따르면 된다.

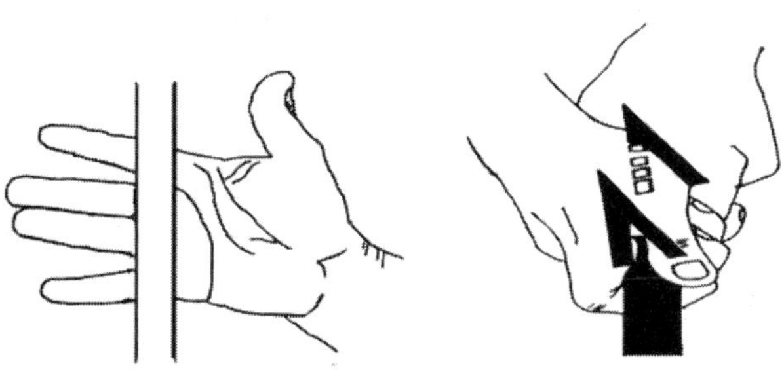

그림 3-4. 오른손 그립

클럽 쥐기(grip)의 3가지 종류

일반적으로, 그립의 종류는 크게 3가지가 있다. 첫째, 베이스볼 그립(baseball grip 혹은 natural grip)은 그림 3-5에서 보는 바와 같이 어린이나 여성같이 손이 아주 작은 사람들이 쓰기에 적당하며, 10개의 손가락을 모두 활용하는 그립이다.

그림 3-5. 베이스볼 그립

둘째, 인터락킹(interlocking) 그립은 그림 3-6에서와 같이 오른손의 새끼손가락과 왼손의 검지를 엮어 끼듯 그립을 쥐는 것이다. 이것은 주로 손에 비해 손가락 길이가 짧은 사람들이 주로 사용하는 방법이다. 이것은 또한 양손을 잘 묶어주면서 샷을 할 때 일체감을 주는 장점이 있기 때문에, Jack Nicklaus, Tiger Woods 등의 선수들이 주로 사용한다.

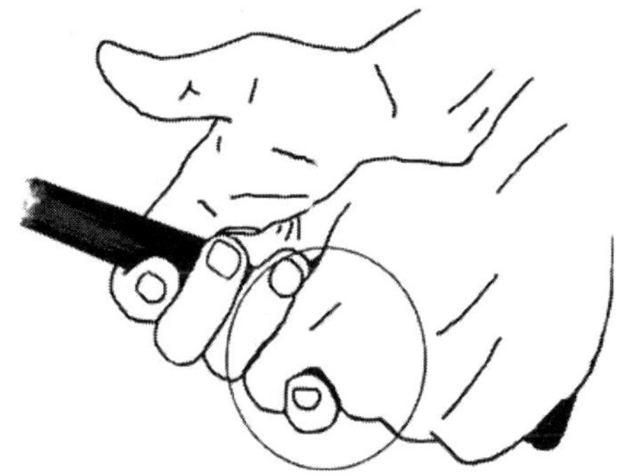

그림 3-6. 인터락킹 그립

셋째, 오버래핑(overlapping) 그립은 그림 3-7에서와 같이 오른손의 새끼손가락을 왼손의 검지와 중지 손가락 사이 위로 포개어 쥐는 법이다. 이것은 비교적 그립을 가볍고 부드럽게 쥘 수 있기 때문에 정교한 샷과 강한 샷을 고루 만들 수 있어서 많은 프로선수들에 의해 이용되는 그립이다.

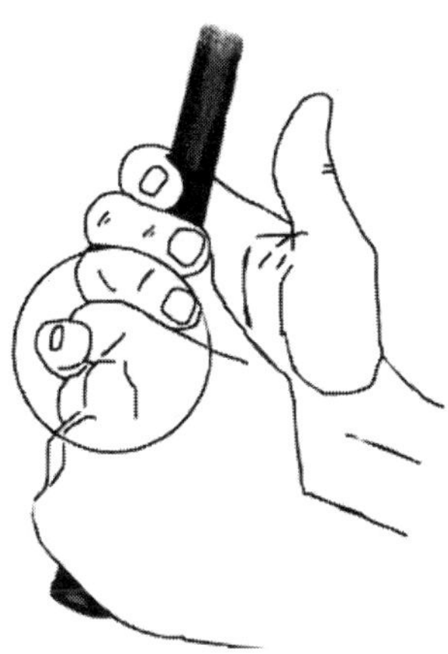

그림 3-7. 오버랩핑 그립

다양한 그립 방법(강한 그립, 중간 그립, 그리고 약한 그립)

클럽을 쥐는 두 손의 위치에 따라 공이 변할 수 있다. 예를 들면, 강한 그립은 공이 훅(갑자기 목표선 왼쪽으로 감기는 형태)이나 드로우(draw : 친 공이 목표선 오른쪽으로 날아가다가 다시 목표선으로 오는 형태)가 되기 쉽고, 약한 그립은 공이 슬라이스(갑자기 목표선 오른쪽으로 빗나가는 형태)나 페이드(fade : 친 공이 목표선 좌측으로 날아가다가 다시 목표점으로 오는 형태)가 되기 쉽다. 중간 형태의 그립은 보다 정교한 샷을 만들기 쉬우므로 대다수의 프로 선수들이 이러한 그립을 취한다. 한편 일반적인 아마추어 골퍼는 공을 멀리 보낼 수 있는 강한 그립이 유리하다.

강한 그립의 방법(그림 3-8)은 그립을 쥘 때, 왼쪽 손등 주먹의 돌기(관절, knuckle)가 2~3개가 보이도록 하면서 왼손의 위치가 클럽 샤프트의 중앙선을 넘어 오른쪽으로 더 이동시켜 왼손의 작용을 확대시키는 것이다. 약한 그립은 왼쪽 손등의 1개 주먹 돌기만이 겨우 보이도록 쥐고, 왼손의 위치가 클럽 샤프트의 중앙선 왼쪽으로 치우쳐 오른손이 더욱 크게 작용하도록 두 손의 위치를 잡는 것이다. 중간 그립은 이들 그립의 중간 형태로 왼손의 주먹의 돌기 1개만이 보이도록 왼손을 샤프트의 중앙에 위치시키는 것이다.

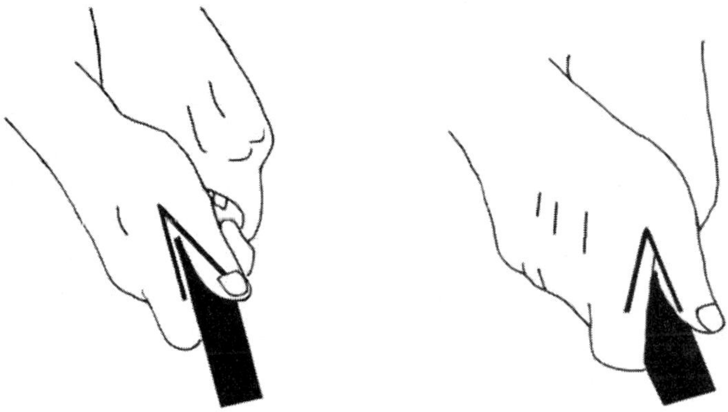

그림 3-8. 강한 그립과 약한 그립(왼쪽: 강한 그립, 오른쪽: 약한 그립)

첫 번째 티에서 처음 만난 사람이 햇볕에 그을렸고, 골프백 안에는 1번 아이언이 들어 있으며, 눈을 가늘게 뜨고 멀리 바라보는 습관이 있으면 그 사람과는 절대로 내기 골프를 해서는 안 된다.

-데이비 마-

성가대의 합창이 있는 동안 목사님은 예배실 안의 좌석을 죽 훑어본 후 옆에 앉아 있는 집사에게 조용히 소근거렸다.
"신도들 중 골프치는 분은 금방 표가 나요. 기도할 때 맞물리기 그립을 하거든요."

-어느 교회 장노-

2. 스탠스(stance)와 어드레스(address)

골프에 있어서 커다란 매력중의 하나는 골퍼가 경기를 할 때마다 바로 느끼는 직감이다. 즉, 골프공을 칠 때, 순간적으로 공을 잘 칠 수 있다든지, 혹은 원하는 곳으로 보낼 수 없을 것 같은 느낌 같은 것이다. 종종 이와 같은 느낌 때문에 공을 일정하게 칠 수 없는 결과를 초래하기도 한다. 그러나 일반적으로 인간의 특정한 운동동작은 일정기간의 학습과정을 거치면서 동작의 진행순서나 과정을 연속적으로 일정하게 만들 수 있기 때문에, 대체로 바른 자세만 갖추어진다면 일련의 동작을 규칙적으로 정확하게 수행할 수 있다. 특히 골프는 적절한 자세에서 연습이 반복적으로 이루어진다면, 공을 원하는 곳으로 멀리, 정확하게 보낼 수 있다. 반면에 적절치 못한 자세에서 연습이 이루어지면 실제의 골프 샷은 정확성과 일관성을 잃게 된다. 그러므로 골프에서 가장 기본이 되는 것은 그립과 함께 정확한 스탠스와 어드레스이다.

적절한 스탠스와 어드레스는 골퍼로 하여금 골프스윙을 실행하는 동안 완벽한 평형성과 정확한 자세를 가능하게 하고, 다리, 팔, 몸통이 서로 역할을 분담하여 정확하게 골프스윙을 수행하도록 한다. 결과적으로 이러한 동작은 힘과 제어가 동시에 이루어지는 골프스윙을 만든다고 볼 수 있다. 바른 자세는 신체가 스윙을 하는 동안 끝까지 균형을 이루어야 하고, 모든 근육들은 부드러워야 하며, 연쇄적으로 스윙에 쏟아 부은 모든 에너지는 최대의 힘과 제어로 발전되어야 한다.

실제적으로 올바른 어드레스 자세는 표준의 5번 아이언으로 공을 칠 때, 양발이 어깨의 너비로 떨어져 있어야 한다(그림

3-9). 따라서 보다 짧은 아이언으로 공을 칠 때는 두발의 간격을 좁히고, 보다 긴 아이언이나 우드로 칠 때는 두발의 간격을 적절하게 넓혀야 한다. 한편 일부 프로선수들은 두발의 간격을 이것보다 약간 좁게 하여 어드레스 자세를 취하기도 한다.

정면에서 어드레스 자세를 볼 때(그림 3-10), 머리는 아래턱을 약간 들어 올려 편안한 자세를 취하고, 왼팔은 충분히 아래로 뻗어져야하지만, 오른팔은 약간 굽혀져야 한다. 이때 두 팔은 충분히 힘을 빼고, 되도록 몸에 가깝게 붙이며, 양팔의 안쪽 근육들이 바깥쪽 근육들보다 약간 더 긴장되어 있어야 바람직하다.

그림 3-9. 어드레스 자세의 양발 너비(5번 아이언 기준)

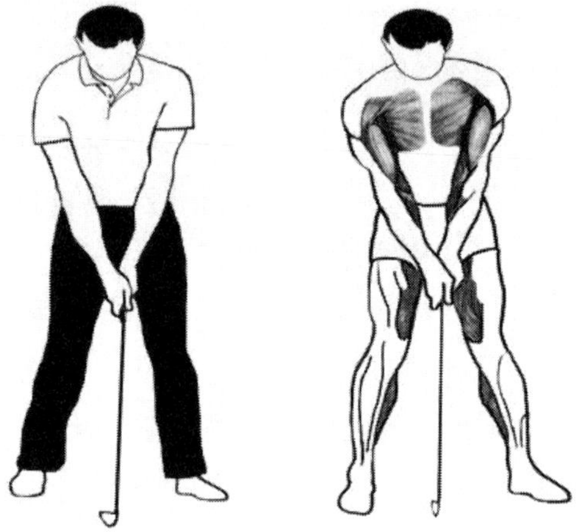

그림 3-10. 어드레스 자세와 긴장된 근육 부위

한편 왼팔의 팔꿈치는 왼쪽의 골반 뼈를 향해야 하고, 오른팔의 팔꿈치는 오른쪽의 골반 뼈를 향해야 한다(그림 3-11). 그리고 두 무릎은 안쪽으로 향하게 하고, 역시 안쪽의 근육들에 더 긴장감이 있어야 한다(그림 3-10).

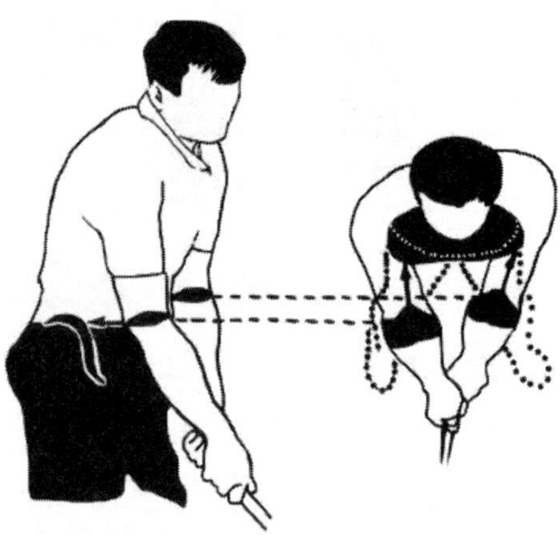

그림 3-11. 어드레스 자세의 양 팔꿈치 위치

측면의 바른 어드레스 자세는, 그림 3-12의 왼쪽자세에서 보는 바와 같이, 야외스포츠 경기 관람 시 이용되는 이동식 의자에 반쯤 걸터앉는 자세라고 보면 된다. 즉, 선 자세에서 5 cm 정도 의자에 내려앉는 것과 같은 자세를 취하는 것이다. 반면에 그림 3-12의 오른쪽 자세들은 일반적으로 초보자들이 취하는 바르지 못한 자세이다.

그림 3-12. 측면의 어드레스 자세

목표지점과 관련하여 기본자세를 취할 때, 어드레스 자세는 공과 목표지점을 일직선으로 연결시킨 지점에 공을 위치시키고 기본적인 발의 위치는 이 선과 평행이 되는 선상 위에 있어야 한다(그림 3-13).

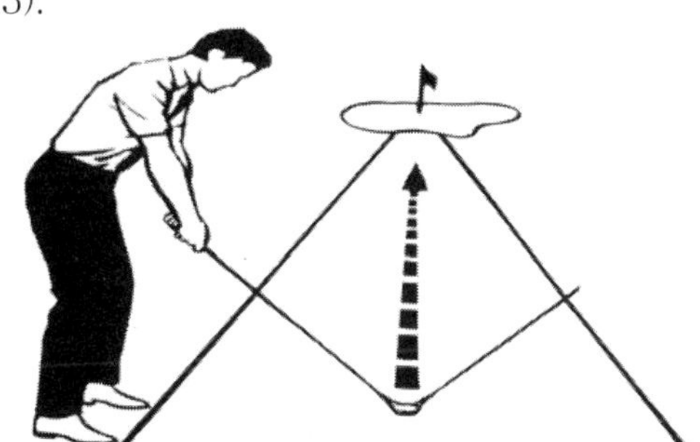

그림 3-13. 어드레스 자세와 목표선의 위치

이때 무릎은 약간 굽혀진 자세를 취해야 하는데, 굽혀진 무릎의 각도는 백스윙(backswing), 다운스윙(downswing), 그리고 심지어 공을 임팩트한 후에도 계속해서 일정하게 유지되어야 한다. 그렇지 않으면 변화된 무릎의 각도에 의하여 스윙을 하는 동안에 스윙 궤도가 바뀌게 되므로 공을 일정하게 칠 수 없을 뿐더러 강하게 칠 수도 없다.

엉덩이 위의 몸통은 곧바로 세워줘야 한다. 보통 아마추어 골퍼들이 몸을 앞으로 웅크린 자세에서 공을 치는 경우가 빈번한데, 이것은 정상적인 백스윙과 다운스윙을 하지 못하게 하여 일정한 스윙을 이끌어 낼 수 없게 한다. 또한, 이것은 부정확하고, 비효율적인 스윙을 초래한다. 웅크린 자세에서는 인체 각 부위의 근육을 충분히 이완시키기 어렵기 때문에 스윙 시 불필요한 인체의 경직된 현상을 초래한다. 역시 골프 스윙은 충분히 이완된 상태에서의 스윙이 최대의 힘과 정확성을 이끌어 낼 수 있다고 많은 전문가들이 하나같이 강조하고 있다. 따라서 충분히 이완된 상태의 양팔과 함께 클럽을 쥐는 방법이 가장 이상적이다. 또한 체중도 양발의 앞부분(발의 약 1/3 지점)에 위치하는 것이 좋다.

목표의 연장선과 양발이 위치한 평행선과의 간격(길이)은 클럽의 길이(번호)에 따라 달라진다(그림 3-14). 이상적인 양발의 위치는 공과 목표지점을 이은 가상의 연장선(목표선)을 상상한 후에, 왼발 뒤꿈치의 연장선이 목표선과 수직이 되도록 하고, 오른발을 왼발에 평행이 되도록 한다(그림 3-14). 7번 아이언을 기준으로 볼 때, 양쪽 발의 바깥부분이 양쪽어깨의 폭과 같게 한다. 구체적으로, 클럽의 길이가 길수록 이 목표의 연장선과 양발간의 간격은 더욱 멀어지게 된다. 예를 들어, 선택한 클럽의 길이가 7번 아이언보다 길수록, 왼발은 그대로 두고 오른발을 약간씩 몸의 후방으로 이동시키면서 양발의 간격을 더 넓혀준다{약간 클로즈 스탠스(close stance) 혹은 단순히 양발을 목표선과 평행하여 오른발을 이동하여 간격을 넓혀줌}. 특히, Tiger Woods나 Ben Hogan과 같은 유명한 선수들은 클럽의 길이가 길면 길수록, 전형적으로 뒷발을 후방으로 이동하여 클로즈 스탠스를 취한다. 이렇게 오른발을 뒤로 이동시키면 자연스럽게 골퍼의 앞가슴은 좌반신에 의해 더 가려지고 닫히게 되는데, 이것을 클로즈 스탠스라 부른다. 일반적으로 7번보다 긴 클럽의 사용은 인체의 무게중심을 오른쪽으로 이동시켜 준비자세를 취하게 한다. 이와 같이 클로즈 스탠스와 함께 만들어진 샷은 슬라이스나 페이드의 구질보다 훅이나 드로우의 구질이 자연스럽게 만들어진다.

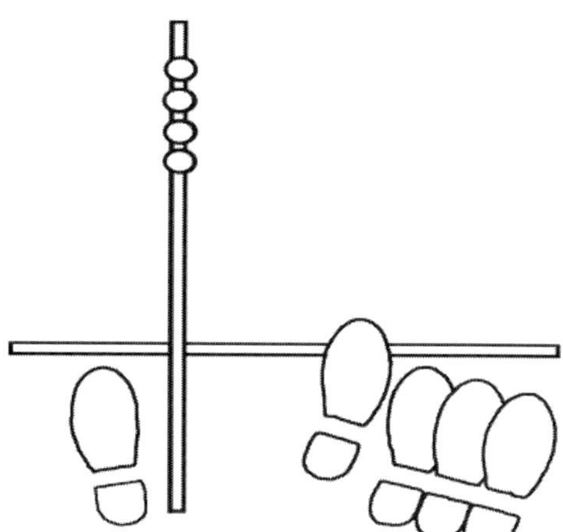

그림 3-14. 클럽길이와 두발의 간격

한편 7번보다 클럽이 짧으면 짧을수록, 역시 왼발은 그대로 두고 오른발을 몸의 전방으로 이동시키고 양발의 간격을 더 좁힌다. 이때 몸의 자세는 자연스럽게 골퍼의 앞가슴이 목표지점을 향해 약간 열리게 되는 오픈 스탠스(open stance)를 취하게 된다. 이러한 자세는 비교적 짧은 거리에서 공을 아래 방향으로 직접 쳐서 페이드 성의 구질을 만드는 성향이 있으므로 실수할 확률이 적고, 공이 그린 위에 착지한 후에도 구르는 정도가 훅 성이나 드로우 성의 구질보다 훨씬 적다.

이상의 기본원리에 입각하여, 만약 의도적인 훅이나 슬라이스의 공을 만들고자 한다면, 인위적으로 손을 조작하여 그립의 방법(강한 그립 혹은 약한 그립)을 바꾸는 것보다 오른발을 이동하여 스탠스의 형태(클로즈 혹은 오픈)를 바꾸는 방법이 훨씬 쉽고 성공률이 높다고 한다. 따라서 기술적인 샷을 만들 때는 스탠스의 형태를 바꾸어 실행하는 방법이 바람직하다.

3. 그립, 스탠스, 그리고 어드레스 연습

그립 연습

눈을 감고 그립을 쥐는 연습을 해보자. 두 팔을 가슴 앞으로 내밀어 클럽을 쥐고 들어보자. 그리고 눈을 뜨고 양손바닥이 서로 마주 향하고 있는지 확인하고, 양손의 V자(엄지와 검지에 의해 형성된)가 자신의 오른쪽 어깨 쪽을 향하고 있는지 확인해 보자. 10번씩 반복 연습하라.

체중분배 훈련

7번 아이언을 들고 적당한 자세를 취한다. 체중이 너무 뒤로 이동되어 의자에 앉은 것 같은 자세는 옳지 않다. 무게중심이 양발에 균등하게 나누어진 상태에서 앞쪽으로 중심이 약간 치우쳐 있어야 한다. 구체적으로 발의 전방에서 발의 1/3에 해당하는 부위(ball of foot)에 체중이 실려 있어야 한다. 이때 양팔은 충분히 이완되어야 한다. 그리고 체중의 중심을 앞으로 이동시켜 뒤꿈치로 땅을 두들겨 보자. 체중을 뒤로, 앞으로 그리고 적당한 위치에 놓는 연습을 10번 반복하라.

팔을 이완시키는 연습

스윙 자세를 취한 후, 쥐었던 클럽을 놓아 자신의 앞에 떨어지게 하면서 팔을 이완시켜라. 그리고 팔의 위치를 확인하고, 팔을 목표지점을 향해 앞뒤로 흔들어 보라. 두 팔이 수직으로 이완되어 매달려 있는가를 확인하라. 그리고 두 손의 위치는 자신의 아랫배에서 주먹이 1개 혹은 1.5개의 길이만큼 떨어져 있어야 한다. 만약 두 팔이 몸통에 너무 가깝게 위치해 있으면 공으로부터 너무 떨어져 있는 것이고, 만약 두 팔이 너무 밖으로 스윙되면 공에 너무 가까운 것이다. 그러므로 두 팔이 이완되어 어깨에서 수직으로 떨어뜨려지도록 10번씩 반복하라.

자세 잡기 연습

올바른 자세 잡기를 위한 점검항목을 아래와 같이 나열하였다. 하나씩 확인하며 자세를 취하여 보자(그림 3-15).

① 7번 아이언을 들고 양발을 어깨 너비로 넓혀라.
② 체중을 균등하게 양발에 두어라.
③ 양발을 목표선과 정면으로 일치하도록 두어라.
④ 엉덩이를 목표선과 평행이 되게 두어라.
⑤ 어깨를 목표선과 평행이 되게 만들어라.
⑥ 신체의 등을 펴고, 두 눈의 위치는 수직 아래의 두 손위에 오도록 두어라.
⑦ 체중은 양발의 앞부분(전체 발의 1/3정도, ball of foot)에 두어라.

실제 공을 치기 전에 이상의 내용을 항상 점검하라.

그림 3-15. 어드레스 자세잡기 연습

☞ 혈액형에 따른 골프의 일반적인 습성

O형 미지의 상대에게는 경계심이 강하기 때문에, 처음은 점잖고 평범. 그러나, 라이벌 의식이 강하기 때문에, 스코어를 놓고 경쟁하기 시작하면, 단번에 분발하기 시작함.

A형 신중함이 도를 지나쳐, 그린 위에서 라인을 읽는다든가 어드레스가 필요이상으로 길어지기도 함.

B형 라운드 중에는 컨디션이 좋으면 승리 포오즈를 연발, 미스를 하면 땅을 치며 분하다는 표현을 하는 등 요란함.

AB형 다른 사람의 스탠스나 그립을 고쳐준다던가, 라인을 읽어준다던가 등의 해설이나 어드바이스를 좋아함.

골프는 두 번 기분 좋을 수 있는 운동: 자기가 친 볼이 잘 맞아 기분 좋고, 친구가 친 볼이 잘 안 맞아 기분 좋고, 항상 그렇다면 얼마나 좋으랴! 잘 맞았을 때 자기가 치고도 안 믿어질 정도로 잘 쳤을 때의 신나는 맛이 있는가 하면, 잘 못 쳤을 때의 허망, 허탈, 아쉬움은 여운이 짙다. 어느 수준은 쳐야지 하고 세운 목표 달성은 불가능하고, 자신에 만족할 수 없는 운동, 재미있는 운동인지 비참한 운동인지 모를 운동이다. 그러니까 골프를 더 열심히 친다.

- 골프와 휴머 -

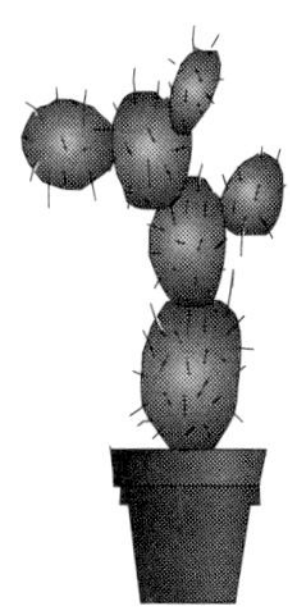

제4장

골프 스윙 원리의 ABC

Ben Hogan(1985)이 주장한 바와 같이, 골프에서 가장 기본은 정확한 그립, 스탠스와 어드레스를 갖추는 것이고, 이와 같은 기본요인들을 제대로 배우고 난 이후에 중요한 것은 실제의 샷을 하기에 앞서 주요 스윙의 원리, 즉 골프 스윙에 해당하는 ABC를 충분히 이해하는 것이라고 했다. 따라서 이장에서는 실제의 샷을 하기에 앞서 스윙의 원리를 단계별로 분석하여 학습하고자 한다. 기본적으로 골프 스윙은 3가지 단계로 크게 나눈다. 준비, 실행, 그리고 마무리 단계. 준비단계는 스윙 전의 준비동작을 말한다. 즉, 양발과 두 어깨를 목표선과 정면으로 마주하고, 스윙을 유도하는 왜글(waggle) 동작을 하면서 앞장에서 익힌 준비자세를 취한다. 실행단계는 백스윙(backswing)과 다운스윙(downswing) 및 퍼워드스윙(forwardswing)을 포함하는 실제적인 스윙 단계이다. 백스윙은 힘 있게 공을 치기 위하여 두 팔과 클럽을 공으로부터 뒤쪽으로 이동시키는 동작을 말하고, 다운스윙 및 퍼워드스윙은 공을 치기 위하여 일정한 스윙궤도를 따라 클럽을 이동시키는 것이다. 끝으로 마무리 단계는 다운스윙이 자연스럽게 펄로우-쓰루(follow-through)로 이어지는 과정이다. 끝나는 시점은 스윙 동작이 최종적으로 정지된 상태에 이른 때이다.

1. 준비단계

준비단계는 스윙 전의 준비 자세를 말하는데, 만약 몸통, 다리, 그리고 팔이 정확한 자세를 취하였다면, 대다수의 사람들은 훌륭한 스윙 동작을 수행할 수 있다고 본다. 이러한 결론은 골퍼가 왜 정확한 그립과 어드레스 자세를 취해야만 하는가를 시사한다. 사실 모든 훌륭한 골프스윙은 하나의 기본 동작이 축적되어서 만들어진 것이고, 또한 각각의 동작이 함께 연결되어서 만들어진 것이기 때문이다.

그립(grip)과 어드레스(address)

이전의 3장에서 익힌 바와 같이, 훌륭한 스윙을 위하여 올바른 그립과 어드레스가 필수적이다. 실제로 골퍼가 최대 악력의 60~70%의 힘으로 정확하게 그립을 잡았다면, 어드레스를 취할 때 두 팔의 안쪽 근육은 적당한 힘의 장력(긴장)을 유지할 수 있을 것이다. 또한, 이러한 두 팔의 근육은 골프스윙에 중요한 역할을 하는 몸의 근육과 연결되어 있다. 그리고 다리의 근육도 마찬가지이다. 즉, 발목으로부터 대퇴까지의 펼쳐진 안쪽 부위의 근육도 적당한 긴장과 함께 골프 스윙에 대단히 중요한 역할을 한다. 예를 들어, 백스윙을 할 때 대퇴근의 지나친 긴장과 함께 왼쪽의 무릎이 갑자기 오른쪽으로 무너지면 연쇄적으로 전체적인 스윙동작에 악영향을 끼치게 된다. 결국 적절한 어드레스와 자세는 골퍼로 하여금 골프스윙을 실행하는 동안 완벽한 평형성과 정확한 자세를 유지하도록 하면서, 다리, 팔, 몸통이 서로 역할을 정확하게 분담하여 수행하도록 한다.

일반적인 스윙의 준비 자세와 그립은 3장의 내용을 참고하고, 다만 드라이빙 우드를 이용하여 티샷을 할 때는 되도록 평행선상에서 스탠스를 넓히고 오른발(뒷발)을 후방으로 약간 이동하여 드로우의 타구를 잘 만들어내는 "클로즈 스탠스"를 취하는 것이 좋다. 그 이유는 백스윙을 할 때 어깨의 회전이 쉽고, 체중도 오른발로 용이하게 이동할 수 있기 때문이다. 또한 드로우 성의 공을 구사하면 70~80%의 힘으로 100%의 거리를 보낼 수 있기 때문이다. 이러한 동작이 힘과 제어가 동시에 이루어지는 골프스윙을 만든다고 볼 수 있다. 따라서 연습을 할 때, 기본적으로 클로즈 스탠스를 위한 올바른 그립과 어드레스가 준비되어 있어야 하겠다.

왜글(waggle)

어드레스와 실제 스윙동작의 시작 사이에는 중요한 '왜글(waggle)' 동작이 있다. 이 왜글은 클럽을 쥐고 있는 두 팔을 앞뒤로 흔드는 것이다. 그런데 일부의 골퍼들은 아무렇게나 클럽을 흔들어도 된다고 생각하면서 왜글의 의미를 잘못 이해하고 있는 것 같다. 그들은 이러한 왜글이 단순히 근육의 긴장을 이완시키기 위하여 그냥 흔드는 것이라 생각한다. 그러나 사실이 왜글은 이러한 목적 이상의 의미가 있다. 즉, 왜글은 일종의 축소된 실제 연습스윙이라는 것이다. 뒤로 클럽을 이동시키면서 왜글을 할 때, 클럽을 실제의 백스윙 진행통로에 위치하도록 습관화하게 만들어야 한다. 또한 앞으로 왜글을 할 때, 클럽헤드의 면을 공과 정면으로 마주하게 하면서 그 진행선상에 가도록 해야 한다.

구체적인 실시방법을 살펴보면(그림 4-1),

(1) 기본적인 왜글은 왼쪽 손에 의하여 주로 만들어지고 오른쪽 손은 단지 왼손에 협응하는 역할만을 한다.

(2) 클럽을 왜글하여 뒤로 이동시킬 때마다 오른쪽 팔꿈치는 오른쪽 아랫배 부분을 가볍게 치도록 해야 한다.

(3) 2의 동작이 일어날 때, 왼쪽의 팔꿈치는 약간 앞쪽으로 나오면서 팔꿈치 아래의 부분이 약간 안쪽으로 회전하여야 하며 왼손은 공의 위치를 지나치면서 목표 방향으로 7~8 cm 나아가야 한다.

(4) 클럽이 앞쪽으로 왜글 될 때 두 손은 다시 공쪽으로 되돌아가면서, 왼손이 공의 전방 즉 목표 방향으로 3~5cm 정도 나아가 있어야 한다.

(5) 그러나, 왜글을 하는 동안 어깨는 회전되지 말아야 하며, 팔의 윗부분은 가슴에 붙어 있어야 한다.

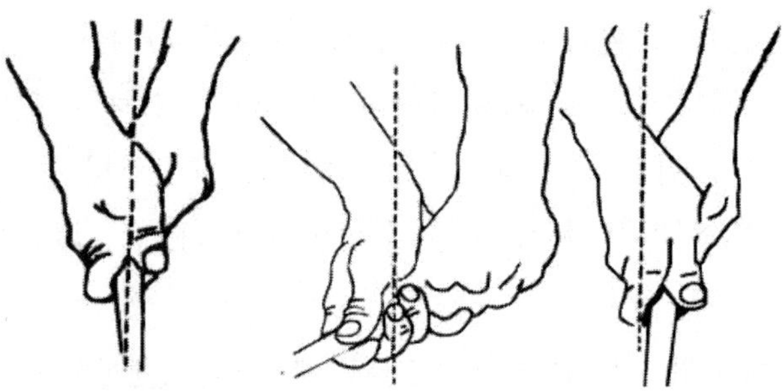

그림 4-1. 상황별 왜글하는 두 손의 위치

그리고 왜글을 할 때, 골퍼는 만들려고 하는 샷을 머릿속으로 그리면서 이에 관련된 정보를 해당근육으로 전송하는 과정을 가진다. 실제로 샷을 하기 전에 특정한 상황에서 적절한 샷을 하려면 완벽한 균형을 위한 조정이 필요하다. 이때 왜글을 하면서, 골퍼는 스윙에 자신을 적절히 조율시키면서 샷을 준비한다. 왜글을 할 때는 어깨의 회전을 억제하면서, 오로지 두 팔만으로 약간의 조정동작을 만들게 한다. 골퍼가 클럽을 뒤로 흔들 때, 두 손과 팔은 협응된 템포의 리듬을 두 다리와 발로 보낸다. 몸통과 어깨는 두 팔과 다리로부터 리듬(박자)을 부드럽게 전달받는다. 따라서 이와 같은 왜글 동작과 함께 스윙하는 동안 전신은 신체의 각 부분이 함께 동작하는 리듬과 일치감을 가진다.

다리가 못생겼으면 못생겼을수록 그 사람은
골프를 더 잘 친다. 이것은 하나의 법칙에 가까운 사실이다.
- 웰스 -

샘 스니드는 골프의 천재라고 한다. 그렇지만 그가 연습을
안 했더라면 그는 골프의 둔재가 됐을 것이다.
- 개리플레이어 -

2. 실행단계

실행단계는 크게 백스윙과 다운스윙으로 나누어 볼 수 있다. 골프스윙에서는 바르고 부드러운 백스윙이 전제되어야만 강력하고 정확한 다운스윙이 보장되기 때문에, 이들의 동작을 구분하여 분석하는 것이 필요하다. 따라서 체계적으로 백스윙의 주요 구성 요인들을 먼저 살펴보고, 이어서 다운스윙 및 퍼워드 스윙의 구성요인들을 학습하도록 한다.

1) 백스윙(backswing)

클럽 뒤로 가져가기(Takeaway)

백스윙 동작은 두 손, 두 팔, 두 어깨, 그리고 엉덩이(hip)의 순서로 움직여야 한다(그림 4-2). 두 손은 두 팔이 뒤로 움직이기 바로 직전에 움직여 클럽 헤드를 뒤로 가져가야 한다. 두 팔은 두 어깨가 뒤로 움직이기 바로 직전에 먼저 움직이기 시작해야 한다. 골퍼는 연습을 통해 이러한 느낌이나 리듬을 획득하여 두 손, 두 팔, 그리고 두 어깨의 동작이 순서적으로 연결되어 본능적으로 일어나게 해야 한다. 그렇지만 초보자들은 이러한 일련의 동작이 너무나 짧은 시간에 일어나는 연결동작이기 때문에 거의 동시에 하나의 단위로 해서 골프클럽을 뒤로 가져간다는 느낌을 가져야 한다. 실제적인 방법으로 클럽을 뒤로 이동할 때, 기본적으로 공과 정면으로 마주하고 있는 클럽헤드를 목표선을 따라 약 40 cm정도(드라이버의 경우 ; 짧은 클럽은 상대적으로 이 보다 짧게) 곧장 뒤로 이동해야 한다. 이때 부드러운 테이크어웨이를 위한 기술적인 요령은 클럽을 가볍게 쥐고, 왼쪽 어깨로 왼쪽 팔을 아래로 밀어주면서 두 손에 쥐어있는 클럽이 목표선의 후방으로 자연스럽게 이동되게 하는 것이다.

그림 4-2. 백스윙 시 단계별 각 분절의 변화 양상
(그림의 두 개 타원 중에서 위의 타원은 어깨의 회전을 상징하고, 아래의 타원은 허리의 회전을 상징함)

어깨와 엉덩이의 회전

왼쪽 어깨와 팔의 삼두박근에 의해 뒤로 이동된 클럽은 계속해서 뒤로 이동된다. 그리고 클럽의 손잡이를 쥐고 있는 두 손의 위치가 오른쪽 다리를 지나 오른쪽 허리 위치로 이동될 때까지는 양발이나 다리가 되도록 움직이지 않게 억제하여야 한다. 이때 이동되어진 두 손이 허리 위치에 오면서 클럽의 샤프트는 양발 끝의 연장선 오른쪽에 위치하게 되고 목표선과 평행이 된다(그림 4-3). 이렇게 클럽 샤프트와 양발 끝의 오른쪽 연장선이 평행하게 유지된다면 다운스윙을 할 때도 다시 평행이 만들어질 수 있는 확률이 대단히 높고, 나아가서 이러한 클럽 샤프트의 위치는 클럽이 목표선 안쪽에서 스윙되어 공을 올바르게 칠 수 있게 하는 기초가 된다. 그러므로 백스윙 시 허리 위치에서 평행이 된 클럽 샤프트의 위치는 성공적인 샷의 중요한 조건이 된다.

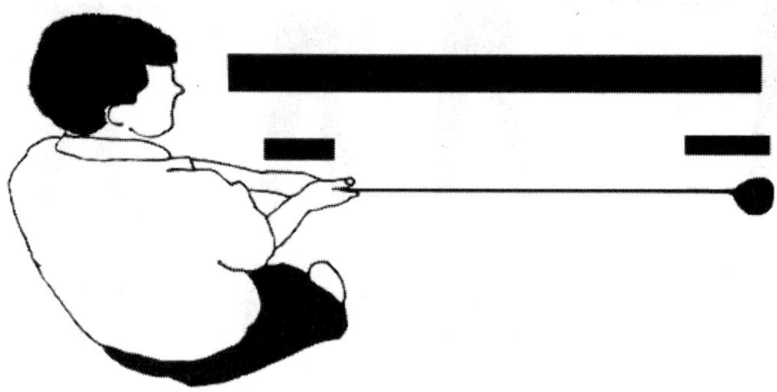

그림 4-3. 클럽 샤프트와 양발 연장선의 평행

한편 그림 4-2에서 보는 바와 같이 스윙의 호를 따라 오른쪽 다리를 지나 계속되어진 클럽의 이동과 함께 어깨의 회전도 시작된다. 어깨의 회전이 시작되면서 뒤따라서 엉덩이의 회전이 일어나게 된다. 즉, 항상 어깨의 회전이 엉덩이의 회전보다 앞서서 일어나야 한다. 그러나 어깨가 회전하기 시작할 때 엉덩이가 즉시 따라 회전되지 않도록 주의해야 한다. 그 이유는 어깨의 회전과 엉덩이의 회전이 거의 동시에 일어나면 회전력에 영향을 주는 허리를 중심으로 한 상체의 비틀림(torsion)을 만들 수 없기 때문이다. 따라서 약간 시간적 차이를 두고 엉덩이를 회전시키는 것이 옳다. 두 손이 오른쪽 다리를 지나 허리의 높이에 오기 전에 어깨가 회전하고, 뒤이어서 자동으로 엉덩이를 뒤쪽으로 끌어 당겨야 한다. 연쇄적으로 엉덩이가 회전하기 시작하면서, 어깨는 왼쪽 다리를 오른쪽 다리로 끌어당기게 된다.

이때 머리는 되도록 고정시키면서, 어깨를 가능한 크고 멀리 회전시켜야 한다. 어깨가 쭉 회전을 하면서 골퍼의 등은 목표에 정면으로 마주하게 되어야 한다. 이때 어깨를 충분히 회전시키지 못하고 중간정도에서 멈추게 되면, 일반 골퍼들은 클럽헤드를 충분히 뒤쪽에 놓기 위하여 왼팔의 팔꿈치를 굽히는 경향이 있다. 이것은 절대로 정확한 백스윙이 될 수 없다. 골퍼의 왼쪽 팔이 쭉 펴있지 못하면, 클럽을 잘 다룰 수 없을 뿐만 아니라, 공을 칠 때 스피드나 파워를 전혀 낼 수 없게 된다. 팔이 굽혀진다는 사실은 스윙의 호를 작게 만들면서 절반의 스윙밖에 하지 못한다는 것이고, 나아가서 이것을 보완하기 위하여 불필요한 동작(예, 지나친 손목 동작이나 상체의 동작)을 만들어 더욱 형편없는 샷을 유발시킨다. 따라서 골퍼의 어깨 회전이 충분한가를 확인하기 위한 적절한 방법은 백스윙할 때 회전된 골퍼의 왼쪽어깨 윗부분이 턱밑에 위치했는가를 점검해보는 것이다.

다음은 백스윙시 엉덩이가 어떻게 작용해야 하는가를 살펴보자. 일단 엉덩이가 어깨의 회전과 함께 너무 빨리 회전하게 되면 골퍼에게 주는 파워의 생성기회를 손실시키게 된다. 따라서 백스윙을 시작할 때, 골퍼는 어깨의 회전으로 엉덩이를 끌어당기는 과정이 생기기 전까지는 엉덩이 움직임을 억제해야 한다. "Tiger Woods의 파워스윙 비밀"(Andrisani, 1997)에서 Woods는 엉덩이의 회전을 최대 40°이내로 제한하고 오히려 어깨의 회전을 90°이상 증대시켜서 파워를 극대화시킨다고 한다. 그 이유는 만약 엉덩이가 크게 회전하게 되면, 엉덩이와 어깨사이에 어떠한 긴장(혹은 장력)을 만들 수가 없어서 다운스윙을 할 때 스피드와 파워를 이끌어낼 수 없기 때문이라고 한다.

참고적으로, 백스윙의 중요한 요인인 이러한 긴장(장력)은 자동으로 공을 칠 때 골퍼의 강력한 다운스윙을 끌어내는 역할을 한다. 엉덩이가 원래의 위치인 왼쪽으로 되돌아 올 때, 이러한 회전동작은 그들의 장력을 더욱 증가시킨다. 이렇게 증가된 장력은 꼬여있던 몸통의 윗부분을 풀어준다. 이렇게 풀어주는 순서는 어깨, 팔, 그리고 손의 순서로 이루어진다. 어깨와 엉덩이 사이의 근육들에서 생성된 최대의 장력은 최대의 스피드를 만들어 낼 수 있다. 이들 근육에 장력이 크면 클수록, 엉덩이가 회전되면서 몸통의 윗부분은 더 빠르게 풀어지고, 연쇄적으로 팔과 손에 이러한 속도가 전달될 것이다. 결과적으로 이러한 속도는 클럽의 헤드 스피드를 증가시킬 것이고, 거리를 증대시킬 것이다.

이제 이러한 몸의 비틀림(捻力, torsion)이 골프스윙에 왜 중요한가를 이해했을 것이다. 따라서 해당되는 근육들을 최대로 신전 시키면서(펼치면서) 어깨를 최대로 크게 회전시키고, 엉덩이의 회전을 최대로 억제하는 것은 보다 커다란 회전력을 만드는 과정으로써 대단히 중요하다. 즉, 이것은 어깨와 엉덩이간의 회전된 정도 차이가 크면 클수록 몸의 비틀림이 증가한다는 것이다. 예를 들어, 엉덩이의 회전(80°)이 어깨 회전(90°

만큼 된다면, 몸에는 긴장된 느낌이 거의 없을 것이다. 그러므로 그림 4-2의 어깨의 회전과 엉덩이의 회전 각도를 나타내는 설명에서 이미 본 바와 같이, 엉덩이의 회전 각도는 45°이내가 되고, 어깨의 회전 각도는 적어도 90°이상이 가장 좋다.

다리의 동작

과거의 전통적인 백스윙 동작을 분석해 보면, 대체로 왼발의 뒤꿈치가 들리면서 엉덩이와 허리의 회전을 도와주는 경향이 많았다. 즉, 엉덩이와 허리의 회전 각도를 크게 만들었다. 그러나 현대의 스윙동작에서는 왼발의 뒤꿈치를 들어주지 않고 엉덩이의 회전을 제한하는 경향이 많다. 이와 같이 하는 주된 이유는 왼발의 뒤꿈치를 들어주면 엉덩이가 지나치게 회전되어 회전력에 영향을 끼치는 몸통의 강한 비틀림을 만들 수 없고, 또한 백스윙이 지나치게 커져서 공을 정확하게 치는데 어려움이 있기 때문이다.

그러나 다리의 동작은 여전히 율동적인 것이 좋다고 한다. 따라서 엉덩이가 회전되기 시작하면서, 왼쪽다리를 안쪽으로 끌어당긴다. 왼쪽 무릎이 오른쪽으로 꺾이면서, 왼쪽 발도 오른발의 안쪽 부분으로 미끄러지듯이 회전된다. 동시에 무게 중심의 일부는 왼쪽발의 앞부분 안쪽에 위치하게 되고, 대부분의 체중은 오른발의 뒤꿈치 쪽으로 이동하게 된다. 따라서 몸과 다리는 양발을 움직이게 만든다. 한편 왼쪽과 오른쪽 다리는 어드레스 자세에서 취했던 무릎의 각도를 계속해서 유지해야만 한다. 이것은 초보자의 스윙에 있어서 오른쪽 무릎이 펴지거나 오른쪽으로 이동되는(sway) 현상이 스윙의 궤도를 변경시킬 수 있다는 문제가 있기 때문에, 가능하면 어드레스 자세에서 취했던 각도를 유지해야 한다.

스윙 호(arc)와 평면(plane)

골프의 스윙동작에 있어서 클럽헤드에 의해 만들어진 스윙호가 일정해야만 공을 정확하고 강력하게 칠 수 있기 때문에 클럽헤드가 진행되면서 만들어지는 스윙의 호(arc)는 매우 중요하다. 다시 말해, 스윙이 진행되는 동안 무릎이나 엉덩이의 각도가 바뀌거나 혹은 백스윙을 할 때 신체의 중심이 지나치게 뒤로 이동되면, 스윙의 호가 예정된 궤도를 벗어나게 되어 공을 정확하게 맞출 수가 없게 된다. 설령 클럽헤드로 공을 친다하여도 정중앙(sweet spot)을 비켜서 맞게 되므로 정상적인 거리를 낼 수 없다. 그러므로 올바른 골프스윙에 있어서 정확한 스윙 호를 가져야 하는 것은 필수적이다.

그러면 정확한 스윙 호는 어떻게 이루어져야 하는가? 기본적으로 골프의 스윙은 두 개 축의 기초에 의하여 이루어진다고 볼 수 있다. 즉, 백스윙을 할 때는 오른발(뒷발)이 중심이 되어 축이 되고, 다운스윙을 할 때는 왼발(앞발)이 중심이 되어 축을 만들어 스윙이 완성된다고 할 수 있다. 따라서 그림 4-4에서 보는 바와 같이, 오른발을 중심으로 백스윙하는 클럽헤드의 궤도는 자연히 다운스윙의 궤도보다 더 밖으로 이동하여 스윙되고, 스윙의 중심이 오른발에서 왼발로 이동되는 다운스윙에서는 당연히 백스윙에서의 궤도보다 더 안쪽에서 클럽헤드의 이동이 이루어지게 된다(그림 4-4).

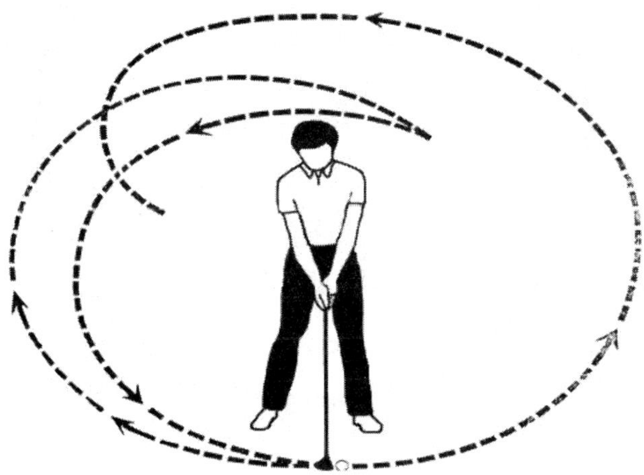

그림 4-4. 올바른 백스윙과 다운스윙의 호(arc)

또한 다운스윙의 클럽헤드는 백스윙에서의 호보다 더 안쪽에 위치하여 진행되고, 공을 임팩트한 후에는 예상된 목표선 보다 약간 더 바깥으로 진행되어 일명 "in-to-out"(7시 방향에서 1시 방향)의 스윙 호를 그려야 한다(그림 4-5). 결국 보다 훌륭한 스윙을 만들기 위해서 골퍼는 일정한 스윙 호를 유지해야 하고, 또한 자연스럽게 연속되어지는 신체동작을 가져야 한다. 공을 정확하고 멀리 보내려면, 이상의 일정한 스윙 호와 자연스런 신체동작이 상호의존적으로 작용되어야만 한다. 이러한 상호의존적 작용은 적절한 수행을 위한 힘의 균형과 타이밍을 동시에 만들 수 있다.

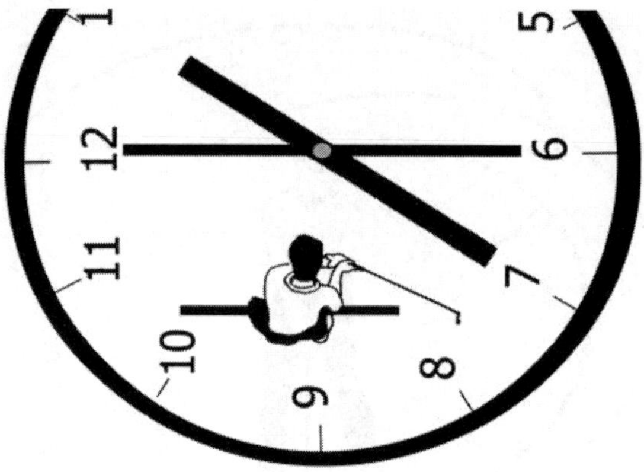

그림 4-5. In-to-out 클럽헤드 진행방향

한편, 스윙의 중요한 요인 중의 다른 하나는 스윙 평면(swing plane)이다. 일반적으로 골프스윙 기술을 논할 때 스윙의 호(arc)는 대단히 강조되고 있지만, 스윙의 평면은 중요하게 다루어지지 않고 있다. 그러나 Ben Hogan이나 Tiger Woods 선수는 힘찬 골프스윙을 하기 위해서 스윙평면이 대단히 중요하고, 심지어 스윙평면이 스윙 호보다도 더욱 중요하다고 강조한다.

골프스윙에 있어서 스윙평면은 크게 2가지로 나눌 수 있다. 즉, 백스윙의 평면과 다운스윙의 평면이 있다. 백스윙의 평면은 대체로 골퍼의 어깨로부터 공까지를 연장한 각도의 면이며, 이 각도의 높이는 개인의 어깨높이와 어드레스 시 공과 떨어진 거리에 의하여 결정된다. 따라서 절대적 혹은 표준적인 스윙평면이 따로 있는 것이 아니라, 상대적으로 개인의 신장에 따라 다를 수 있다. 백스윙을 할 때, 이 평면은 골퍼에게 3차원적인 도로의 지도와 같이 클럽헤드가 진행되어야 길을 정확하게 인

도하는 중요한 역할을 한다. 골퍼의 어깨는 이 평면 아래에서 회전되어야하며, 백스윙을 할 때 공과 함께 어드레스 시 같은 각도로 계속해서 기울어져 있어야 한다. 팔과 손(그리고 클럽)도 또한 백스윙을 할 때 같은 기울기의 각도를 유지해야 한다. 원래의 평면을 따라 어깨, 팔, 그리고 손이 움직여지면서 골퍼의 몸통 윗부분과 팔이 백스윙의 끝나는 지점과 다운스윙의 시작되는 지점이 만들어지는 중요한 시점(top of swing)에 도착할 때, 이 몸통과 팔은 정확하게 백스윙 평면에 상호 정렬될 것이다. 이어서 다운스윙은 자동적으로 순서에 입각하여 자연스럽고 힘차게 이루어질 것이다. 결국, 백스윙 평면을 유지하는 것은 골퍼가 공을 치기 전에 그의 힘을 최대로 모을 수 있고, 나아가서 각각 구성요인은 다른 구성요인들과 정확하게 연쇄적으로 작용하여 다운스윙에 더욱 커다란 힘을 발휘할 수 있도록 한다. 엉덩이, 어깨, 팔, 손의 에너지는 정확한 동작 진행순서가 이루어져야만 하나로 집중될 것이다. 모든 파워는 다운스윙이 자연스럽게 일련의 동작에 의하여 가속되면서 생기는 것이지, 지나친 손이나 몸동작에 의하여 조작적으로 만들어지는 것이 아니다. 이러한 무리한 동작은 오히려 스윙평면을 이탈하면서 공의 방향과 거리가 기대수준에 미치지 못하게 한다. 반면에 순서에 입각한 정확한 스윙을 한 골퍼는 적은 힘으로 최대의 거리와 정확성을 얻을 수 있을 것이다.

Hogan의 이론에서 설명하는 바와 같이 스윙평면을 시각화하는 가장 좋은 방법은 골퍼가 공으로부터 어깨 윗부분까지 연장된 유리판 위에 목을 내놓고 어드레스 자세를 취하고 있다고 상상해보는 것이다(그림 4-6). 그리고 골퍼가 백스윙을 적절하게 수행한다면, 그의 팔이 허리의 위치까지 도달될 때, 왼쪽 팔은 백스윙의 정상에 도달할 때까지 유리의 평면 밑에서 유리 평면과 평행이 되어야 하고, 백스윙의 정상에서는 그의 왼쪽 팔은 유리의 각도와 똑같은 선상에서 쭉 펴져야 한다. 마치 백스윙을 하기 위하여 어깨가 뒤로 회전될 때 그의 왼쪽 팔과 어깨는 유리를 닦는 것과 같이 하는 것이다. 그러나 만약 스윙의 궤도가 유리 평면을 따라 진행되지 않는다면, 골퍼는 유리판을 깰 것이며, 실제상황에서는 공의 방향과 거리가 기대 수준이하의 결과를 초래할 것이다.

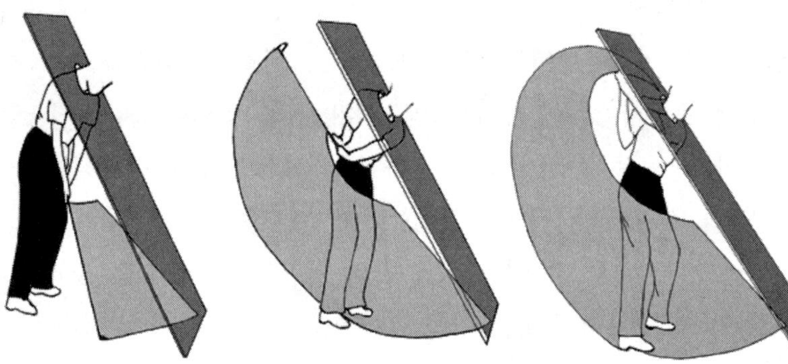

그림 4-6. 골프스윙의 평면

백스윙을 요약하면, 백스윙을 할 때 두 손이 뒷다리를 지나갈 즈음에 골퍼의 몸은 앞쪽 다리의 무릎이 뒷다리 쪽으로 움직이면서 회전하기 시작한다. 즉, 이 시점부터 체중이동이 시작되는 것이다. 오른쪽 다리와 척추를 연장한 축으로 골퍼의 몸이 회전되기 시작한다. 비록 이때 머리가 오른쪽으로 약간 움직이더라도 공을 응시하는 시선은 절대 바뀌어서는 안 된다. 클럽이 허리의 높이에 다다를 때쯤부터 엉덩이가 회전하기 시작하고, 손목이 뒤로 젖히기(코킹 : cocking) 시작하며, 코킹이 끝날 무렵부터는 두 손의 위치는 뒤쪽 어깨보다 높은 위치에 있게 된다. 백스윙이 끝날 무렵에는 왼팔이 스윙평면과 같은 각도를 유지하면서 몸통이 완전히 회전(감겨져)되어 있다. 이때 골퍼의 등은 목표를 향하고 있고, 허리띠의 버클(buckle)은 45° 각도의 후방을 향하고 있다. 그리고 양손은 뒤쪽의 어깨보다 위쪽에 위치하고, 그 클럽은 지면(목표선)과 평행이 이루어진다.

■ 골프 타격 기본 원칙

1. 자기 능력껏만 칠 것.
2. 다음 칠 곳부터 보고 칠 것.
3. 페어웨이로 칠 것.
4. 그린이 보이는 곳으로 칠 것.
5. 어프로치 할 때 핀을 향해서가 아니라 그린이 가장 넓은 곳으로 칠 것.

2) 다운스윙 및 퍼워드스윙

다운스윙 및 퍼워드스윙은 엉덩이를 왼쪽(앞쪽)으로 되돌리면서 어깨, 팔, 손이 차례로 풀어주고 파워를 내기 시작하는 동작이다. 또한 클럽이 백스윙의 끝에서 공이 있는 지점을 통과하여 앞으로 이동되는 것을 말한다. 그러나 이상의 내용을 세부적으로 분석해보지 않고서는 정확하고 힘차게 다운스윙을 실행하기 어렵다. 따라서 스윙의 평면과 신체 각 부분의 역할을 세부적으로 분석하여 다운스윙 동작을 이해하고자 한다.

스윙 호(arc)와 평면(plane)

먼저 다운스윙의 호를 살펴보면, 앞에서 설명하였듯이 골프 스윙동작의 백스윙 호와 다운스윙 호가 약간 다른 진행궤도를 가진다. 다시 말하여, 오른발을 축으로 한 백스윙의 클럽헤드가 다운스윙 시에는 왼발을 기초로 하여 축이 만들어지면서 백스윙의 호보다 좀 더 안쪽에서 다운스윙의 호를 만든다. 또한 다운스윙 시 목표선의 안쪽에서 클럽헤드를 아래로 바로 떨어뜨리면서 공이 있는 임팩트 지점을 통과하고 난 후, 중앙선의 바깥쪽으로 클럽헤드를 이동시키게 된다(in-to-out 스윙). 물론 다운스윙의 호는 백스윙의 호보다 안쪽의 궤도를 따라 진행된다(그림 4-4). 덧붙여서, 백스윙이 되든지, 다운스윙이 되든지간에 스윙할 때 스윙의 회전축이 되는 중앙(hub)은 가슴이 된다. 따라서 가슴을 중심으로 스윙하여 백스윙과 다운스윙의 호를 만들게 되면, 척추의 각도와 정확한 상체의 동작을 잘 유지하여 보다 정확하고 강력한 샷을 만드는 지름길이 된다.

한편, 다운스윙의 평면은 백스윙의 평면과 마찬가지로 골프 스윙에서 매우 중요하다고 Hogan은 강조한다. 백스윙을 할 때 평면을 잘 유지한다는 것은 백스윙 끝과 다운스윙 시작의 중요한 정점에 정확하고 강력한 자세를 가질 수 있다고 앞에서 설명하였다. 기능적으로 스윙평면에 입각한 백스윙의 완벽한 어깨, 팔, 손의 위치는 다운스윙에 필요한 상호 관련된 동작을 효율적으로 수행하게 만든다.

그러나 다운스윙의 평면은 앞에서 설명되어진 백스윙의 평면과는 약간 다르다. 다운스윙의 평면은 백스윙의 평면보다 훨씬 완만하게 기울어져야 하며, 백스윙의 평면과 다른 공의 임팩트 위치를 가진다(그림 4-7). 다운스윙 동안 몸이 왼쪽(앞쪽)으로 이동하면서, 오른쪽 어깨는 자동으로 낮아지게 되고, 어드레스 자세에서 놓여진 유리판(스윙 평면)의 위치가 다르게 이동된다. 이때 유리 평면의 병행 축은 더 이상 처음 공의 비행방향에 있지 않고 목표선의 약간 오른쪽으로 향하게 된다. 따라서 유리판이 낮게 기울어지면서 앞부분의 가장자리는 지면에서 약간 들려 올려진다. 만약 골퍼가 정확한 다운스윙 평면을 가졌다면, 그는 반드시 안쪽에서 바깥으로 공을 쳐야만 한다(in-to-out 스윙방법). 이렇게 안쪽에서 바깥쪽으로 스윙을 하여야만, 최대의 힘과 클럽헤드 스피드를 만들어 낼 수 있으므로 완벽한 동작이 된다.

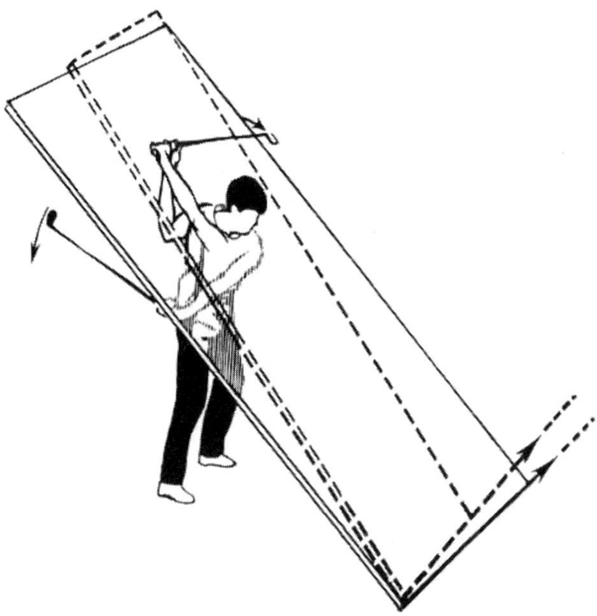

그림 4-7. 백스윙 단면과 다운스윙 단면의 차이(점선-백스윙, 줄선-다운스윙)

엉덩이의 동작

다운스윙은 엉덩이에 의해 시작되어야 한다. 엉덩이는 일련의 동작에 있어서 선회축의 요소를 가지고 있다. 엉덩이를 왼쪽으로 움직이기 시작하면서, 체중을 오른쪽 발에서 왼쪽 발로 이동하여 새로운 스윙 축을 만들기 시작한다. 연속적으로 엉덩이를 진행방향 좌측 밖으로 일찍 끌어내면서 두 팔이 지나갈 수 있는 충분한 공간을 제공한다. 이것은 골퍼의 모든 힘을 목표로 향하도록 한다. 결국 이러한 동작은 등의 대근육, 어깨, 그리고 팔과 손의 근육들이 적절히 지연되게 하는 강력한 타격 자세가 되도록 만든다.

정확하고 강력한 다운스윙을 시작하기 위하여, 골퍼의 엉덩이를 왼쪽(앞쪽)으로 되돌릴 때 체중을 왼쪽으로 옮기기 위한 충분한 병행(lateral)의 동작이 있어야 한다. 그러나 다운스윙에서 엉덩이가 이동하는 경로는 백스윙을 할 때 만들어진 경로와는 달라야 한다. 또한 다운스윙을 할 때의 엉덩이의 호(arc)도 백스윙을 할 때 보다 3배 이상 넓어야 한다. 왜냐하면 병행(lateral)의 동작과 나중에 뒤쪽으로 회전되는 정도를 고려하기 때문이다.

엉덩이의 회전은 함께 작동하는 여러 세트의 근육들에 의하여 시작된다. 왼쪽 엉덩이의 수축된 근육들과 왼쪽 대퇴의 안쪽에 위치하는 근육들이 왼쪽 엉덩이를 왼쪽으로 회전시키게 한다. 동시에 오른쪽 엉덩이의 근육들과 오른쪽 대퇴다리의 근육들(안쪽과 강력한 바깥쪽 대퇴근육들 모두)이 오른쪽 엉덩이를 앞으로 이동시킨다. 강력한 회전을 만들기 위하여 이러한 근육들은 긴장과 함께 팽팽하게 신장되어져야 한다.

다리, 몸통(어깨), 그리고 팔의 동작

톱(top)에서 스윙 방향이 바뀐 다음, 클럽에 운동력(파워)을 제공하는 것은 반드시 엉덩이와 다리가 되어야 한다고 Jack Nicklaus는 강조했다. 구체적으로 일련의 진행과정을 살펴보면, 엉덩이와 연결되어 있는 왼쪽다리는 원래의 위치인 왼쪽으로 다시 되돌아가면서 왼쪽무릎은 목표방향으로 향한다. 뒤에 있는 엉덩이가 움직이기 시작한다는 것은 또한 오른쪽 다리에 놓여있는 압력을 줄여주는 것이고, 그리고 자연스럽게 체중을 왼쪽으로 이동하게 만든다. 뒤이어 오른쪽의 무릎도 목표방향으로 이동되면서 굽혀진다. 이와 같은 일련의 동작은 스윙의 속도를 더욱 높여주는 역할을 한다. 결국 이렇게 각각의 동작들이 모아져서 다운스윙을 만드는 것이다. 몸통, 다리, 팔 동작이 긴밀하게 연결되어질 때 스윙 스피드는 더욱 증가된다. 연쇄적으로 어깨와 상체가 이렇게 증가된 파워를 두 팔로 보내면, 두 팔은 다시 이러한 파워를 더욱 증가시켜 두 손으로 보낸다. 차례로 두 손은 파워를 더욱 증가시키면서, 클럽 헤드의 스피드를 최대로 만들어서 강하게 공을 치게 된다.

한편, 몸통의 척추 각도는 어드레스와 백스윙에서와 마찬가지로 다운스윙을 수행하여 공의 타격지점(순간)을 통과할 때도 일관성 있게 유지해야 한다(그림 4-8). 즉, 똑바로 선 자세에서 몸을 숙여주고, 양쪽 무릎을 구부려서 척추의 각도를 정확히 잡도록 해야 한다. 절대로 등을 구부려선 안된다. 상체의 각도는 스윙을 하는 동안 그대로 유지해야 한다. 이러한 자세를 취해야만 공을 일정하게 타격할 수 있고, 나아가서 머리가 안정적으로 유지되며, 스윙의 이동궤도도 좋아진다.

그림 4-8. 공의 타격(impact) 시 척추의 각도

손의 동작

다운스윙에서 손의 동작은 가능하면 억제되어야 할 요인이다. 실제로 백스윙에 의하여 만들어진 역동적인 체계를 망가뜨리는 중대한 실수는 보통 다운스윙을 엉덩이로 시작하지 않고 두 손으로 시작하는데서 발생한다. 좋지 못한 스윙을 하는 거의 모든 일반 골퍼들이 이와 같은 오류를 범하고 있다. 손으로 백스윙을 시작하는 것에 의한 다운스윙은 결과적으로 좋은 스윙을 완성하지 못한다. 실제로 좋지 못한 스윙을 하는 골퍼가 엉덩이의 회전을 정지했을 때, 그의 상체가 원심력의 작용에

의하여 목표선 밖으로(우측) 지나치게 나가 있음을 알 수가 있다. 그리고 이와 같은 상태로 스윙을 하게 되면 대개 목표선의 밖에서 안쪽으로 끌어당기는 스윙을 하게 되는데, 이것은 클럽이 밖에서 안쪽으로 공을 깎아 치게 되면서 슬라이스 성의 타구나, 혹은 공에서 한참 떨이진 후방시섬을 치는 결과가 자주 발생한다. 따라서 다운스윙을 엉덩이로 시작하는 것과 손으로 시작하는 것은 엄청난 차이를 보인다.

그러므로 다운스윙을 할 때 두 팔이 허리높이의 위치에 내려오기까지는 손의 작용이 전혀 필요하지 않고, 두 팔과 두 손은 오로지 엉덩이의 회전에 의하여 작용되어야 한다(그림 4-9). 실제로, 두 손과 팔이 거의 작용되지 않는다는 것을 이해하기 위하여, 클럽을 들고 어깨 위에 올려놓으면서 팔을 뻗어서 백스윙의 정점에 있는 자세를 취하여 보라. 그리고 골퍼의 두 손과 팔을 전혀 생각하지 말고, 왼쪽의 엉덩이를 원래 어드레스 시의 왼쪽으로 천천히 움직여 보라. 그러고 나서 골퍼의 두 손이 지금 어디에 위치하고 있는지를 확인해 보라. 이러한 엉덩

그림 4-9. 엉덩이의 회전과 두 손과 팔의 작용 원리

이의 동작은 자동으로 두 손을 정점에서 허리의 위치까지 끌어내린다는 것을 알 수 있을 것이다. 이렇게 끌어내려진 두 손과 팔은 신체에서 만들어진 대단한 파워와 스피드로 연결되면서, 엄청난 힘을 가지게 된다.

임팩트 시 오른손과 팔의 동작

다음으로 임팩트 지점에서 오른쪽 팔과 손의 정확한 동작에 관하여 분석해 보자(그림 4-10). 한마디로 시냇가에서 조약돌로 물수제비를 던지는 동작과 같다고 볼 수 있다. 골퍼가 오른팔을 앞으로 던질 때, 그의 오른쪽 팔꿈치는 되도록 오른쪽 엉덩이에 가깝게 있어야 한다. 오른쪽 팔꿈치가 오른팔을 이끌도록 한다. 그리고 계속해서 오른쪽 아래 팔(forearm)과 손도 오른쪽 팔꿈치를 따라 이동된다. 공을 치고 났을 때 골퍼의 오른팔은 상대적으로 쭉 펴지게 된다. 차례로 골퍼의 손목과 손도 점점 회전되어지고(rolling-over), 펄로우-쓰루 단계를 마치면서 오른손바닥이 땅을 향하게 된다. 마치 양동이의 물을 앞으로 던져 뿌리는 동작과 같다. 참고적으로, 공을 강하게 치려면 오른손 하나가 아닌, 두 손 모두를 이용하여 가능한 강하게 쳐야 한다.

한편, 임팩트가 되기 바로 전에는 오른팔이 여전히 약간 굽혀져 있어야 한다. 차례로 점점 공에 가까워지면서 오른팔이 곧게 펴져야 한다. 물론 이때에 왼팔도 곧바로 펴져 있으면서 두 팔 모두 충분히 펴져 있어야 한다. 이 임팩트 지점이 지나면서 클럽 헤드는 최대의 속도를 내고, 왼쪽 손목의 회외(回外

; supinate)과 함께 지면을 향하던 왼손바닥이 하늘을 향하면서 왼팔은 왼쪽 팔꿈치 쪽으로 굽혀지기 시작한다. 마치 백스윙 시 오른팔이 굽혀지는 것과 같다. 오른팔은 쭉 펴져 있는 상태를 유지하면서, 스윙의 마무리 단계로 진행된다.

그림 4-10. 물수제비를 뜨는 동작과 다운스윙 동작의 비교

임팩트 시 왼쪽 손목관절의 변화과정

임팩트 시에 왼쪽 손목 관절의 변화과정을 그림 4-11에서 살펴보면, 왼쪽 손목과 손등은 대단히 천천히 회외(回外; supinate)하기 시작한다. 즉, 바닥을 향하던 왼쪽 손바닥이 위쪽을 향하게 되는 형상이다. 임팩트 순간에는 왼쪽 손등은 목표를 향해야 하고, 손목의 뼈도 목표를 향하고, 또한 분명하게

들려 있어야 한다. 공을 칠 때는 손목의 뼈가 앞으로 나아가서 손의 어떤 부위보다도 목표에 가깝게 위치해야 한다(그림 4-11의 원내 그림 참조). 손목의 뼈가 이러한 위치에 있게 되면, 왼손은 클럽헤드가 진행하는 것을 방해하지 않는다. 왼쪽 손목과 손등은 나머지 스윙 동안 계속해서 회외를 하게 된다. 왼쪽 손목의 회외가 적절하게 넓은 전방의 스윙 호를 만들어 주면서, 두 팔이 쭉 펴져 있도록 해 준다. 일반적으로 호가 넓으면 넓을수록 거리 및 정확성에 관계되는 클럽 헤드 스피드를 증대시킬 수 있게 된다. 임팩트 시 훌륭한 골퍼는 왼쪽 손목이 회외하는 자세를 가지는 반면에, 서투른 골퍼는 왼쪽 손바닥을 계속해서 아래로 향하게 하는 왼쪽 손목의 회내(廻內; pronate) 현상이 만들어진다. 이렇게 왼쪽 손목이 회내하게 되면, 스윙의 평면 기울기가 갑작스럽게 가파르게 되면서 스윙 호를 짧아지게 하여 다운스윙의 호와 평면을 변경시킨다. 또한 이것은 클럽 헤드의 스피드를 떨어지게 한다. 결과적으로 이것

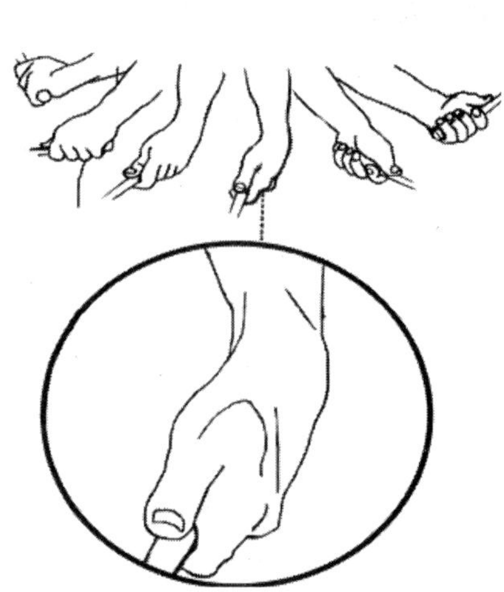

그림 4-11. 임팩트 시에 왼쪽 손목과 손등의 변화과정

은 모든 좋지 않은 샷 즉, 톱핑(topping), 쉥킹(shanking), 악성 슬라이스나 훅 등의 원인이 된다.

임팩트 시 다리의 동작

다리의 자세를 살펴보면, 임팩트부터 펄로우-쓰루 단계까지 왼쪽다리는 나무같이 곧바로 서있어야 한다고 하는 골퍼들도 있지만, 이것은 틀린 것이다. 만약 골퍼의 왼쪽다리를 곧바로 세워놓게 되면, 골퍼는 엉덩이의 충분한 회전을 만들 수 없게 될뿐더러 왼쪽으로의 자연스런 체중 이동이 억제된다. 체중이 왼쪽으로 제대로 이동되지 않으면, 스윙 호의 변형이 생기고, 몸통, 팔, 손이 목표방향으로 힘껏 뿌려줄 수 없게 된다. 훌륭한 다운스윙은 두 손이 허리정도에 도달했을 때, 엉덩이는 이미 회전되어 페어웨이 방향으로 향하고 있어야 한다(허리띠의 버클도 목표를 향하고 있어야 한다). 그리고 두 다리는 엉덩이의 회전에 따라 반응하고, 왼쪽 다리는 탄력성 있게 왼쪽으로 꺾여 있어야 한다. 차례로 체중이 왼발의 바깥으로 이동되어지면서, 왼쪽 다리는 목표방향을 향하여 굽혀져야 한다(그림 4-12).

그림 4-12. 다운스윙 시 단계별 각 분절의 변화 양상

다운스윙 및 퍼워드스윙을 요약하면, 다운스윙은 클럽이 백스윙의 끝에서 시작하여 공의 지점을 통과하고 앞으로 이동되는 것을 말한다. 다운스윙의 올바른 시작은 엉덩이의 움직임이 발생된 후, 백스윙 동작의 역순으로 하는 것이다. 감겼던 몸이 풀리면서 뒷발로 이동되었던 체중이 왼쪽 다리로 이동되는 동작이다. 이렇게 체중이동이 원래 상태로 전환되어졌을 때, 두 팔, 두 손, 그리고 클럽이 하나같이 움직여 아래로 스윙하여 내려온다. 또한 두 팔과 클럽이 엉덩이의 위치에 내려왔을 때 젖혀 있던 손목이 펴지기 시작한다(언코킹 : uncocking). 그리하여 공을 가격할 때는 왼쪽 손목의 회외와 함께 두 팔이 완전히 펼쳐져야 한다. 그리고 두 팔의 스윙이 계속적으로 진행되어 펄로우-쓰루 국면에 들어가면서 두 손목은 또다시 뒤로 젖혀지기(리코킹 : recocking) 시작한다.

3. 마무리 단계

끝으로, 마무리 단계인 펄로우-쓰루에서는 백스윙의 완성된 모습을 거울로 보는 것과 같다고 할 수 있다. 즉, 두 팔과 손은 목표 쪽에 있는 왼쪽 어깨(앞쪽) 위에 높게 위치해야 하고, 또한 손목은 뒤로 젖혀져 있어야 한다. 다운스윙이 끝나는 단계에서는 양어깨가 지속적으로 회전하여 먼저 회전 동작을 마치고 정지한 엉덩이의 위치로 따라가서 같은 위치에 있어야 한다. 그리고 왼쪽 팔꿈치는 지면을 향해야 하고, 계속 회전하는 오른쪽 어깨의 윗부분은 골퍼의 턱을 가볍게 쳐야한다. 증가된 스피드와 함께 골퍼는 피니쉬(finish) 동작을 높게 가져가게 된다. 그리고 체중이 왼쪽(앞쪽)의 다리로 완전히 이동되면서 뒷다리의 무릎은 앞쪽의 무릎 옆으로 이동하게 된다. 한편 엉덩이가 회전하면서 골반은 목표에 정면으로 향하여야 하고, 허리띠의 버클이 목표지점을 지나 좀 더 왼쪽으로 돌아가야 한다. 또한 오른발의 뒤꿈치는 지면에서 완전히 떨어져 발바닥이 보여야 한다 (그림 4-13).

그림 4-13. 펄로우-쓰루 동작

> 골프는 인간에 의하여 플레이된 하나의 경기이다. 고로 이것은 실수의 경기이다. 그러므로 훌륭한 선수들은 실수에 대하여 어떻게 반응해야 하는지 잘 알고 있다. - 로텔라 -

머리 드는 문제는 걱정 없어 - 초보자가 18홀을 돌고 나서
계산을 해보니 270점이 나왔다.
"내가 이래서야 어떻게 머리를 들고 다닐 수 있을까?"하며
한탄했다. 이 말을 들을 캐디가 위로했다.
"그 점이라면 걱정하실 필요가 없습니다.
하루 종일 스윙할 때 머리를 잘 드시던데요, 뭘"

- 어느 캐디 -

골프란 얼핏 보면 단순한 것 같으나 복잡 미묘하기 한이 없고,
아이도 잘 칠 수 있는 것을 어른이 완전히 터득하는 것은
불가능하며, 만족과 희열을 느낄 수도 있으며 애타는 괴로움을
당하기도 하고, 정밀한 것이나 예측 불허이며, 완전히 집중력이
필요하되 전적으로 긴장감을 풀어야 하며, 기쁨을 주기도 하나
화나게도 만드는 이율배반적인 것이다.

- 아놀드 파머 -

제5장

효과적인 골프 스윙 연습

골프 경기의 속성은 다른 운동경기 상황(tennis, 배구, 농구)과는 달리 스윙 동작에 의하여 골프공을 치지 않는 한 경기 상황은 정지되어 있다. 다시 말해, 직접적으로 상대방의 동작이나 외부의 강요에 의하여 경기의 진행이 바뀌는 것이 아니라, 오로지 공에 대한 골퍼 자신의 동작(스윙 및 퍼팅)에 의해서만 경기가 이루어지고 있다는 것이다. 그러므로 일관성 있는 하나의 스윙 동작을 정확히 실행할 수 있으면, 일정한 거리와 방향을 만들면서 좋은 골프경기를 할 수 있다. 그리고 다양한 골프 클럽의 길이나 로프트의 각도와 함께 공의 비행거리나 비행탄도의 조정이 가능하다. 결국 하나의 정확하고 반복적인 골프 스윙과 함께 올바른 클럽의 선택이 이루어진다면, 훌륭한 골프 경기를 치를 수 있다는 결론이 나온다. 따라서 이번 5장의 궁극적인 목적은 하나의 일정하고 반복적인 스윙을 완성하는 것이다.

한편, 골프경기를 하는데 있어서 가장 중요한 스윙이 풀 스윙(full swing, 전체 혹은 정상적인 스윙) 동작이다. 그리고 다양한 기술적인 샷에 있어서 기초가 되어 응용되는 것이 또한 풀 스윙이다. 사실 라운드(round) 도중에 공을 보다 멀리 보내고 정확하게 치기 위하여 풀 스윙은 더욱 중요하다. 일반적으로 골프 경기 중 전체 타수의 약 40%가 풀 스윙 동작에 의해서 이루어지고, 나머지 60%는 퍼팅이나 1/2, 혹은 3/4 스윙 동작 등에 의해서 이루어진다. 따라서 일반적인 연습방법은 우선 기본적인 스윙 원리에 따라 풀 스윙을 먼저 배우고 난 후, 비로소 거리 및 주변 환경의 변화와 자세의 변화에 따른 다양한 골프 샷(3/4, 혹은 1/2스윙 등)도 쉽게 응용을 할 수 있게 된다. 항상 염두해 두어야 할 점은 '골프 스윙은 한가지'라는 것이다. 비록 상황에 따라 스윙의 크기를 전체, 3/4, 1/2, 혹은 1/3로 가져가면서 공을 치지만, 반드시 기본 스윙 원리에 입각한 한가지 동작으로 수행되어야 한다는 것이다. 일부 초보자들은 공을 칠 때 스윙의 크기를 이용하여 거리 및 정확성을 조절하지 않고, 자신의 힘을 조절하여 공을 치는 실수를 범한다. 이러한 경우 거리 및 정확성에 더 많은 실수를 초래하게 된다. 따라서 하나의 일관된 스윙 동작을 제대로 익혀서 정확하고 다양한 샷을 응용할 수 있어야 하겠다.

1. 단계별 아이언 풀 스윙 연습

실제로 골프 스윙은 3단계, 즉, 준비, 실행, 그리고 마무리 단계로 구분할 수가 있다. 준비단계라는 용어는 스윙 전의 준비 자세를 말한다. 즉, 앞장에서 익힌 목표선과 평행하게 양발과 두 어깨를 정면으로 마주하면서 취했던 샷의 준비 자세를 의미한다. 실행단계는 백스윙과 다운스윙(퍼워드스윙)을 포함하는 실제적인 스윙 단계이다. 끝으로 마무리 단계는 자연스럽게 다운스윙을 마무리하는 펄로우-쓰루 단계이다.

풀 스윙 동작을 쉽게 익히도록 하기 위하여 먼저 7번이나 8번 아이언으로 단계적인 연습방법을 제시하여 학습하도록 하겠다.

준비단계

① 7번 아이언 클럽으로 강한 그립(strong grip, 특히 초보자의 경우)을 취하라(그림 5-1).

② 양발을 어깨 너비로 하면서 무릎을 약간 모아서 서라.

③ 어깨와 엉덩이를 임의의 목표선과 평행하게 위치시킨다.

④ 체중을 양발 위에 균등하게 분배하라.

⑤ 몸의 자세는 등을 바르게 펴라. 그리고 엉덩이의 지점에서 몸을 앞으로 숙이고, 두 눈의 위치는 두 손의 바로 위에 오도록 하라.

⑥ 공의 위치는 앞발 뒤꿈치의 연장선상에 위치하라.

⑦ 체중은 약간 앞쪽, 즉 앞발가락에서 시작하여 전체 발의 1/3에 해당되는 부분에 전체 체중이 오도록 한다. 그리고 공과 어깨를 연장한 선으로 스윙 평면을 설정하라.

⑧ 클럽의 페이스는 목표선에 정면으로 마주하게 하라.

그림 5-1. 풀 스윙의 준비자세

실행단계

▣ 백스윙

① 2~3회의 왜글 동작과 함께, 두 팔, 두 손, 그리고 클럽을 한 개의 단위로 생각하고 뒤로 이동시켜라. 이때 반드시 스윙 평면(공과 어깨의 연장선)을 기준으로 백스윙이 이루어져야한다(그림 5-2).

② 두 손이 허리의 위치에 도달한 시점에 샤프트는 반드시 목표선과 평행이 되어야 한다.

③ 두 손이 오른쪽 다리를 지나면서 어깨의 회전이 이루어지고, 이어서 엉덩이의 회전을 시작하라. 동시에 체중을 오른발로 이동 시켜라. 이때 앞쪽 다리의 무릎이 뒤쪽의 무릎에 접근하기 시작한다. 그리고 어깨의 회전과 함께 손목도 허리의 위치에서 코킹이 시작된다.

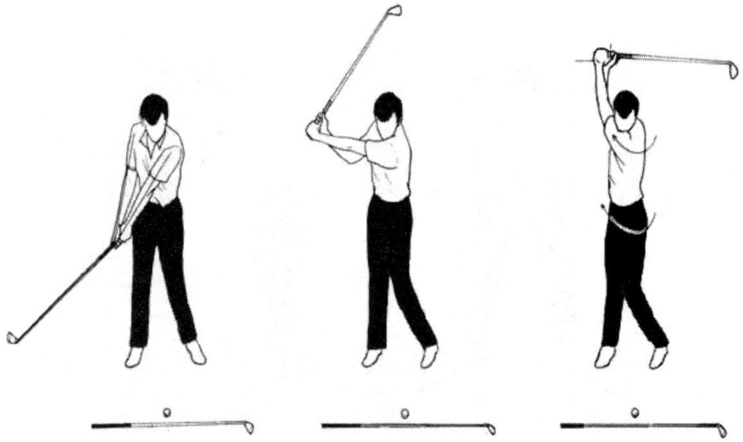

그림 5-2. 백스윙의 단계적 동작

④ 회전하는 왼쪽의 어깨는 아래의 턱에 접촉되면서 90°까지, 그리고 뒤따라 회전되는 엉덩이는 뒤쪽으로 45°까지 회전되어야 한다.

⑤ 클럽의 샤프트가 목표선과 거의 평행이 될 때까지 백스윙을 계속한다. 두 손은 오른쪽 어깨 위쪽에 위치하도록 한다.

▣ 다운스윙

① 먼저 왼쪽 엉덩이가 원래의 위치로 회전되고, 뒤이어 체중이 다시 왼쪽 다리로 이동되어야 한다(그림 5-3).

② 차례로 감겨있던 어깨를 풀어주면서, 두 팔과 두 손, 그리고 클럽을 마치 하나의 물체같이 해서 아래로 떨어뜨려라. 이때 두 손과 팔에 절대 힘이 들어가지 않도록 한다. 그리고 두 손은 허리의 위치에 도달해야 하고, 클럽의 샤프트가 목표선과 평행이 되어야한다.

그림 5-3. 다운 및 퍼워드스윙의 단계적 동작

③ 계속되어진 엉덩이와 어깨의 회전과 함께, 엉덩이의 위치까지 이동된 두 손이 코킹되었던 손목을 풀기 시작하며 강력한 다운스윙을 하라.
④ 계속 회전되는 엉덩이는 목표지점을 향하여 이동된다.

▣ 퍼워드스윙

① 임팩트 지점에서 공을 가격할 때에는 반드시 두 손이 클럽헤드보다 약간 앞에 위치하여야 한다(그림 5-3 ; 그러나 드라이버 경우는 두 손보다 클럽헤드가 약간 앞서게 된다).
② 클럽헤드가 임팩트 지점에 도달할 때까지는 오른쪽 팔꿈치가 미리 펴지지 않도록 한다(즉, 왼팔은 쭉 펴진 반면, 오른팔꿈치는 약간 굽혀진 상태).
③ 임팩트 지점을 지나 계속해서 스윙될 때, 두 팔은 뻗어주고, 머리는 뒤쪽에 둔다. 차례로 왼손바닥은 하늘을 향하고, 오른손바닥은 땅을 향하게 한다.
④ 스윙된 두 손이 허리의 높이에 오면, 두 손목이 다시 코킹되기 시작한다.
⑤ 체중이 앞발 쪽으로 이동되면서, 뒷다리의 무릎이 앞다리의 무릎 가까이 접근한다. 그리고 엉덩이가 목표를 향하여 회전한다.

▣ 펄로우-쓰루 단계

① 다운스윙 동안 계속해서 두 손이 앞쪽 허리의 위치에 왔을 때, 두 손목은 다시 코킹을 시작한다(그림 5-4).
② 회전되어진 엉덩이는 목표지점과 정면으로 마주하여야 한다.

③ 체중이 앞쪽 다리로 이동하면서, 뒤쪽 무릎이 앞쪽 무릎 바로 옆에 위치한다.

④ 펄로우-쓰루가 끝날 때에는 엉덩이와 가슴은 목표를 향한다.

⑤ 스윙동작이 끝날 때는 두 손이 어깨보다 위에 있어야 한다. 그리고 클럽의 샤프트는 자연스럽게 왼쪽 어깨 위에 놓이도록 하고 완전하게 균형이 잡힌 상태에서 스윙동작을 마친다.

그림 5-4. 피니쉬 동작

2. 단계별 우드(드라이버)의 풀 스윙 연습

다음으로 기본원리에 의한 실제 드라이빙(우드) 샷의 응용이다. 원칙적으로 7번 아이언 샷과 드라이빙 우드 샷은 다른 클럽길이에 의하여 다른 스윙 호와 평면이 만들어지지만, 동일한 스윙 원리에 의한 준비자세와 동작에 의하여 샷이 만들어진다고 보면 된다. 다만 아이언과 드라이빙(우드) 샷의 차이점은 클럽의 길이에 따른 공의 상대적인 위치변화(그림 3-14 참조)에 의해 임팩트 각도가 드라이빙 우드샷은 올려치는 형태가 되고, 짧은 아이언의 샷은 내려치는 형태가 된다. 구체적으로 7번 아이언을 기준으로 공의 이상적인 위치를 살펴보면, 먼저 가상의 목표선과 평행으로 마주선 다음, 왼발 뒤꿈치와 수직선을 만들어 그 선상 위에 공을 위치하도록 하는 것이다. 이 지점이 바로 올바른 공의 위치이다. 한편, 선택한 클럽의 길이가 7번 아이언보다 길더라도, 공은 왼발의 연장선상에 그대로 두고 오른발만 몸의 후방으로 이동시키고 양발의 간격을 더 넓혀 클로즈 스탠스를 만든다. 한편 7번보다 짧으면 짧을수록 공은 역시 왼발의 연장선에 그대로 두고 오른발을 몸의 전방으로 이동시킨다. 이때 오른발의 이동과 함께 양발의 간격을 더 좁히면서 오픈 스탠스로 만든다. 따라서 이상과 같이 공의 위치를 일정하게 고정시키고 7번 아이언보다 긴 클럽의 샷을 할 때는 공의 상대적 위치가 왼발 쪽에 가까이 오게 되고, 7번보다 짧은 경우는 오른발에 가까이 위치하게 된다.

실제로 공을 티 위에 올려놓고 우드(특히 드라이버) 샷이나 롱 아이언 샷을 할 때는 공의 위치가 거의 앞쪽(왼쪽) 발의 정면에 위치하게 되고, 공을 임팩트하는 지점은 클럽 헤드의 회전 호 최저점을 약간 지나 올라가기 시작하는 곳에 있다. 반면 짧은 아이언 샷(7번 이하)을 할 때는 오픈 스탠스와 함께 공의 위치가 몸의 중심 바로 정면(오른발 가까이)에 위치되어 있으므로, 공을 임팩트하는 지점이 스윙하는 클럽 헤드의 회전 호 최저점에 도달하기 직전이 된다. 그러므로 드라이빙 우드 샷은 공을 위로 올려치는 어퍼 블루(upper blow) 형태가 되는 반면, 짧은 아이언 샷은 아래로 가격하는 다운 블루(down blow) 형태라 할 수 있다(그림 5-5). 결국 우드나 아이언의 스윙 원리는 똑같고 다만 공의 위치에 따라 공의 비행 탄도나 스핀(spin)이 다르게 작용된다는 사실을 알 수 있다.

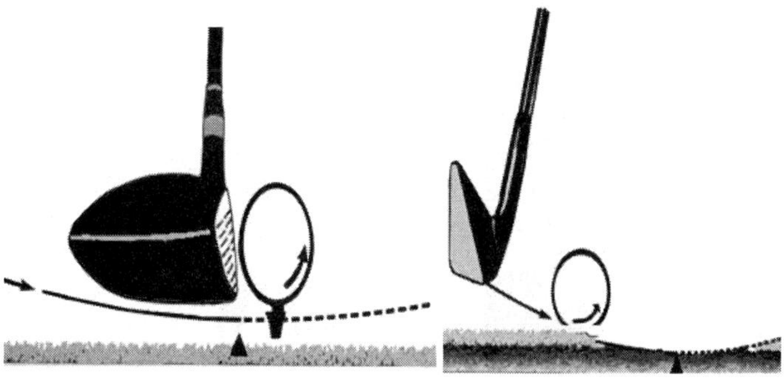

그림 5-5. 샷의 종류에 따른 각각 다른 임팩트 지점

따라서 이전의 아이언 스윙동작과 같이 실행 및 마무리 단계를 수행하면 훌륭한 골프스윙을 수행할 수 있다. 다만 준비단계에서 다음의 몇몇 요인만 변경하여 연습하면 훌륭한 드라이빙 우드 샷을 만들 수 있다.

준비단계

① 두발의 간격을 어깨의 너비보다 크게 하고 두 무릎을 약간 모아서 서라.

② 먼저 어깨를 임의의 목표선과 평행하게 위치시키고, 오른발을 후방으로 이동시켜 클로즈 스탠스를 취하라(그림 5-6).

③ 체중을 왼발에 40% 오른발에 60%의 비율로 분배하라.
④ 공의 위치는 왼발 뒤꿈치에서 연장된 선상에 둔다.

그림 5-6. 드라이빙 우드 샷을 위한 클로즈 스탠스

실행 및 마무리 단계

앞에서 설명한 아이언 샷을 위한 실행 및 마무리 단계를 반복하라.

3. 풀 스윙의 연습

큰 바람소리내기(whoosher) 연습

이 연습은 충분한 체중이동과 클럽헤드 스피드 향상을 위한 것이다. 팔 스윙의 편안함을 느끼기 위해, 클럽의 호젤(hosel) 부분을 그림 5-7과 같이 왼손으로 잡고 오른손은 왼손에서 30 cm 위의 샤프트에 놓는다. 이 때 오른손의 엄지를 제외한 나머지 손가락으로 잡고 손바닥이 보이도록 해야 한다.

그림 5-7에서 보는 바와 같이 지면에 클럽을 평행으로 놓고 준비자세를 취한다. 백스윙을 하여 최고의 정점을 이룰 때까지 풀 스윙 동작을 만들어라. 그리고 오른손을 클럽의 샤프트에서 떼면서 끌어내리고, 앞쪽의 왼쪽 팔과 손이 다운스윙을 할 때 같이 따라 가도록 한다. 이때 클럽은 스윙의 소리를 되도록 크게 만들어야 한다. 만약 소리가 적으면, 골퍼가 공을 가격할 때 클럽헤드의 스피드를 제대로 내지 못하고 있음을 간접적으로

그림 5-7. 큰 바람소리내기 연습

나타내는 것이다. 따라서 이상의 연습을 큰소리가 나도록 하고, 10회 이상 반복하여 연습하라.

자전거 바퀴의 상상 연습

이 연습은 팔 스윙의 진자운동과 손목 코킹 동작의 이해를 돕기 위한 것이다. 전적으로 팔 스윙의 진자 운동동작을 느끼기 위하여 클럽을 쥐고 있는 두 팔과 두 손을 자전거 바퀴의 살(spokes)이라 생각해 보자. 백스윙과 다운스윙의 총 길이는 그림 5-8에서 보는 바와 같이 바퀴의 번호 1~5까지를 말한다. 번호 0은 준비 자세를 말한다. 5번이나 7번 아이언 클럽으로 1번까지 이동하여 백스윙을 실시하고, 다시 1번까지 다운스윙을 하라. 이때 클럽의 헤드는 지면을 쓸 듯이 스쳐지나가야 한다. 단계적으로 백스윙을 2번에서 다운스윙의 2번까지 반복하고, 3번에서 3번까지, 4번에서 4번까지, 5번에서 5번까지 반복하라. 이때 백스윙의 길이와 다운스윙의 길이는 반드시 같아야 한다.

스윙을 할 때, 어느 정도 길이의 스윙을 하는지 스윙의 크기를 느껴라. 그리고 눈을 감고 연습하여, 같은 느낌을 갖도록 하라. 그림 1번에서 1번까지와 2번에서 2번까지의 스윙 연습은 손목 코킹이 되지 않도록 하고 각각 5회씩 반복하라. 3번 이상의 연습은 손목을 코킹시키면서 각각 5회씩 반복하라. 그리고 눈을 감고 이를 반복하라. 다음 단계는 실제 공을 티 위나 잔디 위에 놓고 실행하면서, 공이 날아간 거리를 스윙의 길이와 비교하여 연습하고 30회씩 반복하라.

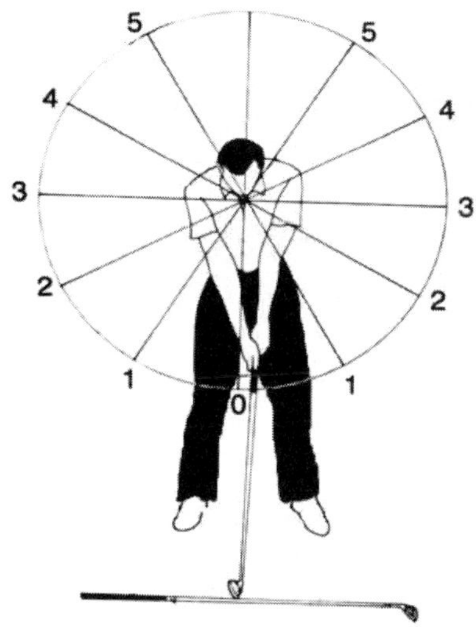

그림 5-8. 자전거 바퀴와 단계별 연습

손목 젖히기(코킹) 연습

이것은 백스윙이나 다운스윙을 할 때 원하는 손목의 코킹(cocking, 손목 뒤로 젖히기), 언코킹(uncocking, 젖힌 손목 풀어주기), 그리고 리코킹(recocking, 다시 젖히기)되는 것을 최대로 느끼기 위한 연습이다. 준비자세를 취하고, 그림 5-9와 같이 손목을 뒤로 젖혀 보아라. 그리고 클럽헤드가 하늘을 향하도록 하라. 그러면 이것이 최대의 손목 코킹이 되는 것이다.

우선 7번 아이언을 쥐고 클럽헤드를 하늘로 향하게 하면서 두 발을 모아서라. 그리고 두 엄지손가락을 목표로부터 멀리하면서 뒤로 돌린다. 두 엄지손가락이 다시 공의 지점에 되돌아오도록 하고, 목표를 향하게 한다.

다음에는 이러한 연습과 함께 그림 5-8의 3번에서 3번까지의 팔 스윙을 덧붙여 보라. 그러면 손의 작용은 코킹이나 언코킹에 의해서 이루어진다. 두 팔과 두 손에 있어서 스윙의 느낌을 느껴라.

끝으로, 어깨너비의 정상적인 스탠스를 취하고, 다리의 동작과 함께 연습해 본다. 이때 팔 스윙에 따라 체중의 이동을 느껴야 한다. 다음의 내용을 실행해 보아라(그림 5-9).

① 팔의 스윙 없이 손목의 코킹, 언코킹, 리코킹을 10회 반복하라.
② 두발을 모아서서, 오로지 팔을 이용하여 3에서 3까지 스윙하는 동작과 함께, 코킹, 언코킹, 리코킹의 스윙을 10회 반복하라.
③ 두 팔과 다리를 모두 이용하여 정상적인 스탠스와 함께 코킹, 언코킹, 리코킹을 10회 반복 연습하라.

그림 5-9. 손목 젖히기(코킹) 연습

계속해서, 위의 기술을 연습하고 난 후 티 위에 공을 놓고 치는 연습을 하라. 코킹, 언코킹, 리코킹과 함께 스윙 동작을 연습하라. 팔 스윙 없이, 팔 스윙만, 혹은 몸의 동작과 함께 팔 스윙을 하여 공을 칠 때 공의 비행거리나 느낌이 다르다는 것을 알아야 한다.

끝으로, 연습 티 위에 공을 올려놓고 3번에서 3번까지의 스윙 동작을 팔 스윙과 함께, 그리고 다리의 동작과 함께 팔 스윙을 하는 방법으로 코킹, 언코킹, 그리고 리코킹의 스윙을 하여 실제로 각각 10회씩 공치는 연습을 하라.

외다리 스윙 연습

이것은 골프 스윙 동안 적절한 균형 유지를 위한 연습법이다. 7번이나 8번 아이언을 하나 선택하여 정상적인 스윙 준비자세를 취한 후, 목표에서 뒤쪽에 있는 다리를 들어 앞쪽 다리

그림 5-10. 외다리 스윙 연습

의 바로 뒤에 위치시켜라(그림 5-10). 그리고 그 옮겨진 뒤쪽 다리의 발가락만 지면에 두고 뒤꿈치를 들어라. 이 자세에서 3에서 3까지의 길이로 스윙하는 것을 실행하라. 그러면 몸통회전에 의한 스윙의 느낌을 가질 수 있다. 이때 역시 스윙 동작 중 손목의 코킹, 언코킹, 리코킹이 반드시 이루어져야 한다. 실제로 각각 10회씩 공치는 연습을 하라.

의도적인 클로즈 스탠스의 스윙연습

이러한 연습은 자연스런 inside-to-out의 스윙을 만들기 위한 것이다. 계속되어지는 풀 스윙의 연습방법은 양쪽 발을 어깨너비로 하면서 목표선과 평행이 되게 한 다음, 뒤쪽의 다리를 원래의 위치에서 자신의 후방 쪽으로 많이 이동하여 의도적으로 심한 클로즈 스탠스를 만드는 것이다(그림 5-11). 그리고 정상적인 스윙 동작을 실행하면, 어깨가 충분히 안쪽으로 회전되면서 백스윙이 쉽고 자연스럽게 될 것이다. 이러한 자세

그림 5-11. 의도적인 클로즈 스탠스 스윙연습

는 다운스윙시 안쪽에서 바깥쪽으로 정확하게 스윙을 실행하게 한다. 따라서 의도적인 클로즈 스탠스로 10회의 정상적인 샷을 만들어 보고, 다시 정상적인 스탠스로 5회의 샷을 만들어 보아라(그림과 같이 공을 3개 놓고 중앙의 공을 치는 연습을 하면 더 효과적이다).

분리된 양손으로 연습

골프 스윙에서 손목의 회전(rolling-over)과 클럽의 뿌려주기(release)는 자연스럽게 inside-to-out 스윙을 가져다주고, 힘차게 공을 칠 수 있게 하는 스윙의 중요한 요인이다. 이러한 손목 회전과 클럽 뿌려주기를 효율적으로 만드는 연습은 그림 5-12에서와 같이, 8번이나 9번의 아이언을 선택한 후 왼쪽 손은 클럽의 그립 끝부분을 쥐고 오른손은 그립부분과 샤프트 부분이 접하는 지점에 위치하여 클럽을 쥔다. 이때 두 손의 간격은 보통 15~20 cm 정도가 되어야 한다. 그리고 이러한 두 손의 위치와 함께 가볍고 짧게 백스윙을 하여 오른손이 왼손보다 위쪽에 위치하도록 한 후, 티 위에 있는 공을 쳐라. 이러한 스윙 동작으로 공을 맞추었을 때 두 손의 위치는 정반대의 모습이 이루어져야 한다(그림 5-12). 이러한 스윙연습은 오른손이 왼손을 지나치면서 적절한 뿌려주기(release)의 느낌과 양손목의 회전(rolling-over)을 갖게 할 것이다.

두 손을 분리시킨 상태에서 10개의 공을 쳐보아라, 그리고 두 손의 간격을 약간 더 가깝게 하고 다시 10개의 공을 쳐보아라. 그런 후에 다시 정상적인 그립방법으로 10개의 공을 쳐보아라.

그림 5-12. 분리된 양손으로 연습

바지단에 모래가 들어있고, 바지가랭이에도 야생의 열매가 붙은 채로 집에 돌아오는 사람에게는 오늘 몇 타 쳤냐고 묻지 말아라.

-샘 스니드-

당신이 100을 깨면 당신의 골프게임을 조심하고,
당신이 80을 깨면 당신의 사업을 조심하시오.

-조지 애담스-

5단계 및 2단계로 구분된 스윙 연습

스윙의 회전을 몸으로 느끼기 위하여 전체 스윙동작을 단계별로 구분하여 연습한다. 그림 5-13에서 보는 바와 같이, 우선 커다란 벽시계를 상상하면서 어드레스 자세에서 머리의 부분은 벽시계의 12시 방향이라 생각하고, 클럽헤드가 놓여있는 위치는 6시 방향이라고 생각하자. 그리고 머리와 클럽헤드의 오른쪽 중간을 9시 방향, 머리와 클럽헤드의 왼쪽 중간을 3시의 방향이라고 가정하자. 그리고 7번이나 8번 아이언을 쥐고 전체 스윙동작을 5단계나 2단계로 구분하여 연습을 해보자.

우선 전체의 스윙을 5단계로 구분하여 실시하면, 제 1단계는 클럽을 쥐고 있는 두 손이 뒤로 이동하여 시계의 9시 방향(허리의 위치)에 놓이게 하면서 쥐고 있는 클럽의 샤프트가 목표선과 평행이 되게 한다. 이때까지는 두 다리와 엉덩이의 회전을 억제하여 더 커다란 회전력(torque)을 만드는 것이 바람직하다. 제 2단계는 계속해서 움직인 두 팔과 손이 코킹이 되면서 두 팔과 클럽은 영어 알파벳의 "L"자를 이루고, 어깨와 허리의 회전과 함께 두 팔과 손이 11시나 12시 방향을 가리키게 한다. 이때 클럽의 샤프트는 목표선과 평행에 가깝게 위치하도록 한다. 제 3단계는 다운스윙으로써 왼쪽으로 허리를 이동시켜 함께 감겼던 어깨를 풀리게 하면서 두 팔과 손의 위치는 8시 방향으로 내려오게 한다. 동시에 클럽의 위치는 손목의 코킹 상태와 함께 클럽의 헤드가 수직으로 하늘을 향하고 있어야 한다. 제 4단계는 계속되어진 허리의 이동과 어깨의 회전에 의하여 두 팔과 손목을 충분히 펴주면서 공을 치게 된다. 그리고 스윙되어진 두 팔은 다시 3시 방향에 위치하면서 손목의 리코킹과 함께 클럽의 헤드가 다시 수직으로 하늘을 향하도록 ("L"자) 만든다. 끝으로 제 5단계는 두 팔과 손을 다시 11시나 12시 방향에 위치시키면서 클럽을 가볍게 왼쪽 어깨에 위치하도록 한다. 이상의 5단계 동작을 10회씩 2세트 반복하여 공을 쳐보아라.

2단계 스윙 훈련도 역시 위의 방법과 거의 같다. 다만 스윙을 2개의 동작으로 구분하여, 제 1단계는 테이크어웨이를 시작하여 백스윙의 정점까지 가져가는 것을 말하고, 제 2단계는 다운스윙을 하여 펄로우-쓰루 단계까지 가져가는 것이다. 간결하고 리듬 있는 동작과 함께 이상의 2단계 동작을 10회씩 2세트 반복하여 실제로 티 위의 공을 쳐 보아라.

그림 5-13. 5단계의 스윙 연습

한 팔 스윙 연습

양팔과 어깨, 엉덩이, 다리를 올바른 순서로 가져가면서 정확하고 일관성 있는 타격을 하기 위하여, 한 팔 스윙연습을 하는 것은 대단히 효과가 있다. 우선, 그림 5-14와 같이 왼손을 가슴의 한 가운데에 올려놓고, 오른손만으로 클럽을 약 10 cm 가량 내려 잡아라. 그리고 왼쪽 그림과 같이 공으로부터 몸을 최대한 뒤로 틀어주면서, 양팔과 가슴을 조화롭게 하나로 움직이며 뒤로 가져간다. 그런 후, 리듬 있는 다운스윙 동작과 함께 공을 치도록 한다. 만약 몸이 팔보다 지나치게 빨리 좌측으로 움직이게 되면, 다운스윙하는 팔이 몸을 따라갈 수가 없어서 공의 뒤쪽 지면을 치게 된다. 한편 오른손의 다운스윙이 몸보

그림 5-14. 한 팔 스윙연습

다 지나치게 빨리 움직이게 되면, 지나친 손의 동작에 의하여 공의 윗부분을 치게 된다. 따라서 이렇게 몸과 한 팔 스윙이 조화를 이루도록 하는 연습은 전체적인 다운스윙 동작을 리듬 있게 만들면서 정확하고 강력한 샷이 되도록 유도한다. 그러면 한 팔 스윙 연습을 10회 반복하고, 이어서 두 손 그립을 가지고 정상적인 스윙의 샷을 10회 실행해 보라.

소리 중에 가장 시끄러운 소리는 내기 골프의
상대방이 정신집중을 방해하려는 동전 짤그락거리는 소리

- 짐머리 -

승리와 믿음: 시합 전날 밤을 월터 하겐은 맨하탄의 술집에 나가
밤새도록 술을 마시고 돌아왔다. 그의 친구가 걱정이 되어
가장 중요한 결승 라운드 전날 밤에 푹 쉬지 않고
어떻게 승리를 기대 할 수 있겠느냐고 힐책하였다.
"이것 보게, 리오 디젤은 어제 밤 열시부터 잠자리에 들어갔다네."
월터 하겐은 개의치 않고, "잠자리에 들어갔는지는 몰라도
한숨도 못 잤을꺼야. 문제없어 내가 이길 테니 두고 봐"

- 골프와 휴머 -

제6장

골프 스윙의 문제점과 대책

골프경기에 있어서 많은 초보자들은 자신들의 몇몇 어처구니 없는 샷에 의하여 점수관리가 엉망이 되는 경우가 많이 있다. 특히, 비록 경기 중 많은 파와 보기를 만들었는데도 불구하고, 몇 번의 실수 샷에 의하여 트리플 보기나 쿼더러플 보기가 여러 번 나와 90타나 100타를 넘기는 경우가 자주 발생한다. 그리고서 대개의 초보 골퍼들은 "만약 몇 번 홀의 티샷과 페어웨이 샷이 OB만 나지 않았어도 90타 안에 들어올 수 있었는데"라고 후회한다. 그러나 이러한 후회는 이미 늦은 것이다. 그런데 대개의 초보 골퍼들은 다음에 갖는 라운드에서도 똑같은 실수를 범한다. 결국, 자신들의 고질적인 스윙 문제를 파악하지 못하거나 이들을 개선하지 않았기 때문에 이러한 문제들이 반복적으로 발생되는 것이다. 따라서 이번 6장에서는 일반 골퍼들이 갖는 대표적인 스윙 문제의 원인과 그 대책을 설명하여 보다 나은 골프경기를 하도록 준비하였다.

> 스포츠 세계에서 현 참피온에게 나쁜 뉴스는 내일은 언제나
> 새로운 날이라는 것이고, 다른 경쟁자들에게 좋은 뉴스는
> 경기가 새롭게 다시 시작된다는 사실이다.
> - 로텔라 -
>
> 골프는 20%가 기술(技術)이고, 80%는 심술(心術)에 의하여 결정된다.
> - 잭 니클라우스 -

〔문제 1〕 공의 비행거리 부족
처치 : 스윙길이 증대
방법 : 몸통의 회전 증대

골퍼가 유연한데도 불구하고 공의 비행거리가 짧다면, 먼저 공이 지나치게 뜨는 것을 방지해야 한다. 그리고 공이 페이드(fade)의 구질이 되지 않도록 해야 한다. 즉, 스윙의 길이를 길게 가져가면서 다운스윙 시 클럽이 안쪽에서 바깥쪽으로 뿌려지는 형태(in-to-out)의 스윙을 만들어 공이 지면에 떨어진 후에도 더 많이 굴러가게 하는 드로우(draw)의 구질을 만들어야 한다. 골퍼가 신체적으로 몸통을 크게 회전시키는데 큰 문제가 없거나 혹은 커다란 몸통회전이 자연스럽지 않다면, 매일 5분씩 아래 그림 6-1과 같은 연습을 실행하라. 그러면 공을 보다 멀리 보내기에 적절한 큰 어깨회전을 만들 수 있을 것이다.

그림 6-1. 몸통의 회전 증대

① 클럽을 어깨 뒤에 올려놓고 두 손으로 클럽의 양끝을 잡아라. 그리고 양발을 어깨너비로 넓힌 후 무릎을 약간 굽히고, 엉덩이 위의 몸통을 약간 앞으로 굽혀라. 그리하여 정상적인 어드레스 자세를 취하라.

② 오른발이 쭉 펴지는 일이 없도록 하고, 또한 골퍼의 체중이 오른발의 바깥으로 벗어나는 일이 없도록 해야 하며, 왼손으로 잡고 있는 클럽의 한쪽 끝이 오른발 쪽을 향할 때까지 시계방향으로 계속해서 어깨를 회전시켜라.

③ 마치 골퍼가 실제 스윙을 하고 있는 것같이 체중이 오른발에서 왼발 쪽으로 이동될 때, 감겨있던(회전되어 있던) 몸통을 풀어주어라. 골퍼의 척추 각도를 처음과 같이 유지하여 오른쪽 어깨가 왼쪽어깨보다 약간 낮게 하여 스윙동작을 끝내라.

〔문제 2〕 지나치게 커다란 스윙
처치 : 간결한 스윙
방법 : 손목의 코킹 줄이기

느슨한 손목으로 지나치게 큰 스윙을 하여 공을 치게 된다면, 설령 공을 멀리 보낼 수는 있더라도 페어웨이에서 크게 벗어나는 의미 없는 샷이 많을 것이다. 그러므로 보다 간결한 스윙으로 정확한 샷이 필요하다(그림 6-2). 그 구체적 방법으로, 왼손을 사용하지 않고 오른손만으로 공을 쳐보자. 이러한 연습방법은 손목의 코킹을 줄이게 만들고, 통제력을 증가시키면서 스윙하는 오른팔의 속도를 증대시킨다.

① 클럽의 그립 중간을 오른손으로 잡아라. 팔로 스윙하는 동안 그립을 단단히 잡고, 클럽이 스윙의 톱에 가도록 몸통을 회전시켜라.

② 다운스윙을 시작하도록 오른쪽 팔을 아래로 떨어지도록 하라. 클럽이 임팩트 지점으로 스윙하기 시작하면서, 오른팔은 왼쪽 어깨를 당길 것이고, 차례로 엉덩이를 당기면서 공을 칠 것이다.

③ 의도적으로 클럽의 면(face)을 공과 정면으로 맞추려고 손목의 회전이나 돌쩌귀(hinge) 동작을 만들 필요는 없다. 부드러운 팔 스윙과 단단한 그립 잡기가 자연스럽고 정확한 공의 타격을 만든다.

그림 6-2. 손목의 코킹 줄이기

〔문제 3〕 덩치 큰 사람, 짧은 비행거리
처치 : 스윙길이 증대
방법 : 손목의 코킹 증대

신체적으로 덩치가 큰 사람이 비행거리가 짧아서 괴로워하는 경우가 있다. 이러한 골퍼는 대개 운동 역학적인 이해와 노력이 필요하다. 보통 몸통이 두꺼운 덩치 큰 사람들은 커다란 몸통회전을 만드는데 어려움이 있다. 이러한 경우 이들에게는 손가락으로 가볍게 그립을 쥐는 방법과 클럽헤드를 스윙하기에 유리한 손목동작이 필요하다(그림 6-3).

그림 6-3. 손목의 코킹 증대

① 가볍게 그립을 쥐면서, 뒤로 클럽을 스윙하여 골퍼의 왼쪽 팔이 지면에 평행이 되게 하고, 또한 클럽을 비스듬하게 세워라.

② 골퍼가 쥐고 있는 클럽은 수직으로 세워져 있지 않고, 클럽의 그립 끝이 목표선의 약간 안쪽을 향하여 비스듬하게 세워져 있어야 한다.

③ 스윙을 진행하면 손목은 공을 치며 충분히 펴져야 하고(uncocking), 그리고 펄로우-쓰루(follow-through) 단계에 접어들면서 손목이 다시 코킹되어야 한다(recocking). 끝나는 동작은 거울에 비추는 ①번 동작의 정반대 모습이어야 한다.

④ 이러한 스윙은 스윙 평면(plane)에서 이루어져야 한다(②의 그림 동작). 훌륭한 손목동작은 끝까지 클럽을 올바른 진행 방향에 유지시키는 것이다.

▣ 제일 꼴불견인 골퍼

1. 라운딩중 쓸데없이 소리 빽빽 지르는 골퍼
2. 내가 잘 친 볼을 끝까지 자기꺼라고 우기는 골퍼
3. 그린에서 퍼팅 일찍 끝냈다고 다음 홀로 혼자가는 골퍼
4. 내기 할 때 알면서도 돈 안주고 지나치는 음흉한 골퍼
5. 캐디에게 너무 느끼하게 장난치는 나이 값 못하는 골퍼
6. 남의 실수를 지나치게 심장 상할 정도로 끝까지 물고 늘어지는 골퍼
7. 라운딩때마다 맡아 놓고 지각해서 여러 사람 맘 졸이게 하는 골퍼
8. 남 티업하는데 끝까지 티 찾으러 다니는 얼간이 같은 골퍼
9. 드라이버 칠려고 할 때 양쪽 다 OB라고 굳이 친절하게 설명하는 골퍼
10. 라운딩 끝난 후 핸디보다 잘 쳤는데 오늘 잘 못 쳤다고 궁시렁거리는 골퍼

- 골프스카이 -

〔문제 4〕 크고, 거친 스윙

처치 : 스윙길이 증대

방법 : 엉덩이의 회전 증대

스윙길이를 증대시키는 것이 거친 스윙을 바로 잡을 수 있을까? 그렇다. 가슴이 두껍고 덩치가 큰 골퍼가 오로지 자신의 힘에만 의존하여 스윙의 일관성을 찾으려고 하는 경우에 대개는 필요이상의 커다란 손목동작을 가진다. 그러나 스윙하는 클럽을 일관되고 적절한 스윙 평면에 가져가기 위해서는 커다란 몸통 스윙을 만들어야하고, 또한 큰 근육 군을 이용해야 한다(때로는 거친 스윙이 될 때도 있지만). 아래의 그림 6-4와 같은 연습은 골퍼의 엉덩이 회전을 활성화시키고, 커다란 몸통회전을 위한 어깨의 회전을 자유스럽게 한다.

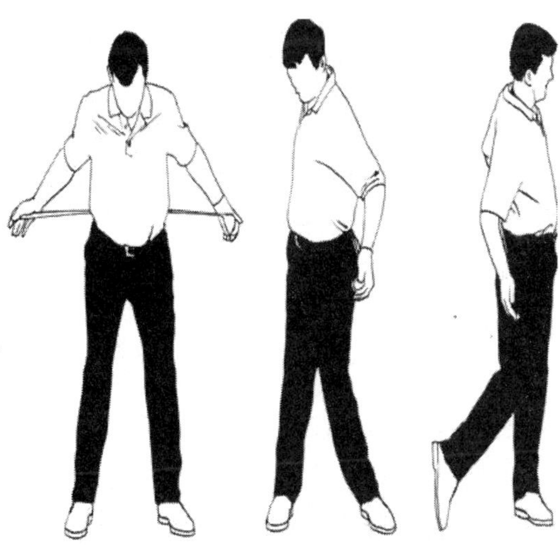

그림 6-4. 엉덩이의 회전 증대

① 정상적인 어드레스 자세에서, 클럽을 골퍼의 허리 뒤에 위치시키고 양쪽 끝을 두 손으로 잡아라.
② 왼손으로 잡은 클럽 끝이 왼쪽 발을 지나치도록 클럽을 돌리면서, 엉덩이를 시계방향으로 회전시켜라. 되도록 왼쪽 발 뒤꿈치가 지면에서 떨어지지 않도록 유의하라.
③ 다시 체중을 왼쪽에서 오른쪽으로 이동시키면서 벨트의 버클이 목표지점을 향할 때까지 엉덩이를 회전시켜라. 척추의 각도를 유지시켜 오른쪽 어깨를 왼쪽어깨보다 약간 낮게 만들어라.

〔문제 5〕 슬라이스(slice) 공

처치 : 의도적인 클로즈 스탠스와 강한 그립의 드로우 공

방법 : 오른발 뒤로 충분히 이동과 함께 두 손 분리 그립 연습

보통 아마추어 골퍼들은 슬라이스의 공과 짧은 비행거리에 의해 고통을 겪고 있다. 슬라이스 공은 대체로 짧은 비행거리를 낸다. 일반적으로 정확한 그립을 취했는데도 불구하고 슬라이스의 공이 만들어지는 것은 적절치 못한 기본자세에 기인한다. 즉, 오픈 스탠스와 함께 백스윙을 할 때 클럽을 지나치게 목표선 밖으로 테이크어웨이하게 되고, 차례로 다운스윙이 될 때 원심력에 의하여 클럽헤드가 목표선 밖에서 안쪽으로(out-to-in) 진행되면서 공을 깎아 치게 되어 슬라이스 공이

되는 것이다(물론 클럽 면이 열려서 슬라이스 공이 되기도 함). 그러므로 어드레스를 클로즈 스탠스 자세로 바꾸어 공을 목표선 안쪽에서 바깥쪽으로(in-to-out) 치게 되면 공이 똑바로 가거나 약간의 드로우 공이 만들어 질 것이다. 또한 골프 스윙에서 자연스럽게 in-to-out 스윙을 가져가면서 힘 있게 공을 칠 수 있는 스윙의 중요한 요인은 손목 회전(rolling-over)과 클럽 뿌려주기(release)의 동작이다. 이러한 손목 회전과 뿌려주기를 효율적으로 만드는 하나의 방법은 클럽을 쥘 때 두 손을 15 cm정도 분리시켜 스윙 연습을 하는 것이다. 아래의 그림 6-5는 이상의 두 개 기술을 종합하여 연습하는 것이다.

① 미들 아이언과 세 개의 공을 준비하고, 아래 그림과 같이 세 개의 공 중에서 중간의 공을 티 위에 올려놓아라. 양쪽 발을 어깨너비로 하면서 목표선과 평행이 되게 한 후, 오른쪽(뒤쪽) 다리를 원래의 위치에서 자신의 후방 쪽으로 이동하여 충분한 클로즈 스탠스를 만들어라. 그리고 클럽을 쥘 때 두 손을 15 cm 정도 분리시켜 잡고, 풀 스윙을 하라.

② 첫 번째 그림과 같은 자세로 정상 스윙 동작을 하면, 어깨의 회전이 안쪽으로 자연스럽게 이루어지면서 백스윙이 안정된 느낌을 가질 것이다. 그리고 다운스윙을 할 때도 클럽을 쉽게 안쪽으로 떨어뜨리면서 자연스러운 in-to-out의 스윙을 만들어 정확한 다운스윙을 실행하도록 한다. 동시에 분리된 두 손 그립의 가볍고 짧은 백스윙과 함께 왼손이 오른손보다 위쪽에 위치하도록 한 후 세 개의 공에서 티 위에 있는 가운데 공을 쳐라. 다운스윙을 할 때 하체가 공보다 앞서 나가지 않도록 주의해야 한다.

③ 이러한 스윙 동작과 함께 공을 맞춘 두 손의 위치는 정반대(왼손보다 오른손이 위쪽)가 되어야 오른손이 왼손을 지나치면서 적절한 양손목의 회전과 뿌려주기를 갖게 된다. 동시에 클럽헤드의 진행방향도 목표선 밖으로 이동되면서 두 팔이 충분히 펴져 있어야 한다.

그림 6-5. 오른발 뒤로 이동한 자세와 두 손 분리 그립에 의한 스윙

【싱글골퍼가 되는 세 가지 길】

첫째는 경험에 의해서이다. 언제인가 되겠지 하며 돈도 무지하게 들면서.
이것은 가장 고통스러운 길이다.
둘째는 배움에 의해서이다. 좋은 스승과 책, 혹은 비디오를 이용해서.
이것은 가장 쉬운 길이다.
셋째는 사색과 연구에 의해서이다. 골프에 대한 끊임없는 애정과 사랑.
이것은 가장 높고 위대한 길이다….

-얄리 뉴리-

〔문제 6〕 공을 하늘로 뜨게 하는(poping-up) 티샷

처치 : 15-20 cm 정도 공(티 위의) 위에서 정상 스윙 연습

방법 : 공위에서 바람소리가 날 정도로 끝까지 정상스윙 가져가기

종종 이와 같은 공을 스카이 볼(sky ball)이라고도 부르는데, 이러한 샷의 공은 피칭 샷을 하듯 공만 하늘로 올라갈 뿐 거리는 나지 않는다. 대개 이러한 공은 골퍼가 다운스윙을 할 때 공보다 먼저 몸이 지나치게 앞쪽으로 미끄러져 나가고 클럽의 헤드가 티 위의 공 아래로 진행되면서 공이 지나치게 뜨는 것이다. 이때 공에 접촉된 부분은 클럽헤드의 윗부분이 된다. 따

그림 6-6. 공(티 위의) 위에서 정상스윙 연습

라서 연습방법은 그림 6-6과 같이 티 위의 공보다 15~20 cm 정도 위에서 정상적인 스윙을 하여 클럽헤드가 중간에 멈추지 않고 끝까지 진행되는 연습을 한다. 또한 이때 머리와 상체를 고정시켜 공보다 지나치게 먼저 앞서가지 않도록 해야 한다.

① 우선 적당하게 티 위에 공을 놓고, 준비된 자세에서 클럽의 헤드를 공보다 15~20 cm 정도 위에 위치시켜라.
② 그런 다음, 정상적으로 백스윙과 다운스윙을 시작하도록 하라. 이때 몸이 클럽헤드보다 앞서 가지 않도록 하고, 스윙되는 클럽헤드는 중간에 멈추지 않고 계속적으로 바람소리를 내며 진행되도록 한다.
③ 이번에는 클럽헤드를 공보다 약간 뒤에 두고, 위의 연습에서처럼 티 위의 공을 쓸어버리듯 펄로우-쓰루를 길게 가져가는 정상적인 스윙을 연습한다.

골프에서의 승리는 제일 멀리 친 사람이나, 가장 멋진 샷을 한 사람의 것이 아니라, 나쁜 샷을 가장 적게 한 사람의 것이다. - 하비 패닉 -

긍정적인 생각과 함께 성공적인 샷을 할 확률이 100%는 아니지만, 부정적인 생각과 함께 나쁜 샷을 할 수 있는 확률은 이보다 훨씬 더 높다. - 로텔라 -

〔문제 7〕 공의 뒤를 치는(chunking) 샷
처치 : 정상적인 스윙궤도 유지
방법 : 다운스윙 시 두 손과 팔이 궤도에서 벗어나지 않도록 오른쪽 팔꿈치를 몸에 붙여 스윙하기

페어웨이에서 정상적인 스윙을 할 때 공의 뒤를 쳐서 잔디와 흙만 나가고 공은 거의 제자리에 있는 경우가 발생한다. 이러한 경우 공의 뒤에서 커다란 디봇(divot)을 만들며 공은 조금밖에 나가지 않게 된다. 이러한 결과는 공을 칠 때 두 손과 팔이 다운스윙의 궤도를 벗어나면서 out-to-inside의 스윙을 만들고, 스윙 호(arc)의 최저점이 공의 훨씬 뒤로 이동하기 때문에 발생된 것이다. 또한 이때는 골퍼의 체중이 앞으로 이동하지 않고 뒤에 남아있게 된다. 결과적으로 충분히 체중을 앞으로 이동하지 못하게 됨으로써 하체의 파워도 약하게 된다.

따라서 이러한 실수에 대한 대책은 다운스윙 시 정상적인 스윙궤도를 만들어 스윙 호의 최저점이 공의 뒤에서 이루어지지 않도록 만들어야 한다. 그림 6-7은 정확한 다운스윙의 궤도를 유지하기 위한 하나의 연습방법이다.

① 공 없이 하나의 티를 잔디나 지면 위에 꽂아라. 그리고 클럽헤드 커버를 티의 30~40 cm 뒤에 두어라.
② 정상적인 백스윙과 다운스윙을 하여 공을 치듯 꽂아 놓은 티를 쳐라. 그러나 절대로 티 뒤에 있는 클럽헤드 커버를 스치거나 맞추어서는 안 된다. 그리고 다운스윙을 할 때 오

른쪽 팔꿈치가 몸에 바짝 붙어서 다운스윙이 되어야 한다는 점도 잊어서는 안 된다.

③ 또한 몇 번의 스윙을 통하여 골퍼는 체중이동이 뒤쪽다리(발)에서 앞쪽다리(발)로 잘 이루어져야만 클럽으로 티를 때릴 수 있다는 것을 깨닫게 된다. 만약 이러한 느낌을 갖지 못하면, 스윙이 정확하지 않다는 것이다. 따라서 이상의 개념을 머릿속에 넣고 좀 더 반복적인 연습이 필요하다.

그림 6-7. 클럽헤드 커버를 이용한 다운스윙 궤도 유지

〔문제 8〕 공의 위를 치는(topping) 샷
처치 : 공의 중간 아래의 타격
방법 : 자연스런 체중이동과 무릎과 엉덩이의 원래 각도 유지

정상적인 좋은 스윙에 의한 샷은 클럽의 헤드가 공의 중간 아래를 타격하게 된다. 그러나 문제가 되는 topping은 클럽헤드가 공의 위(머리)를 타격하는 것이다. 실제로 topping은 위의 chunking(공의 뒤를 치는 샷)과 대단히 밀접한 관계를 가지고 있다. 대개 topping은 스윙 시 체중이 뒤에 남아있는 자세에 의하여 만들어지거나, 혹은 백스윙의 정점에서 너무 빨리 클럽을 두 손으로 내려치기 때문이다. 이러한 동작은 모두 다운스윙 시 스윙 호의 최저점이 공의 뒤에 위치하게 된다. 그런데 이러한 골퍼들은 체중이동이 잘 안 되는 동작을 보상하기 위하여 무릎을 급하게 쭉 펴거나 혹은 허리를 굽히는 동작을 한다. 그렇게 되면, 클럽이 공의 뒤를 치는 것(chunking)을 피할 수는 있지만, 이러한 돌발적인 자세에 의하여 공의 중간 위를 치는 결과를 초래한다. 또 다른 한가지 원인은 다운스윙을 할 때 골퍼의 머리와 상체가 지나치게 앞쪽으로 먼저 미끄러져 가는 경우이다. 이러한 골퍼의 동작은 스윙 호의 최저점이 공보다 지나치게 앞에 있게 되면서 클럽헤드가 공의 중간 위를 치게 하는 것이다. 따라서 이러한 문제를 해결하기 위한 대책은 우선 체중이동을 원활하게 만드는 것이다.

그림 6-8과 같이 다운스윙 시 무릎과 엉덩이의 각도를 어드레스 자세의 각도와 똑같이 유지하고, 또한 골퍼의 머리와 상

체가 지나치게 앞서 나아가지 않도록 하면 크게 도움이 된다. 참고로 그림 6-7과 같은 연습도 체중이동에 도움이 되므로 각자 연습을 하기 바란다.

① 어드레스 자세와 함께 준비자세를 취하고, 상대방으로 하여금 클럽을 거꾸로 잡게 하여 그립의 끝이 골퍼의 얼굴 왼쪽 10 cm 정도(왼쪽 어깨 안쪽)에 위치하도록 한다.
② 정상적인 백스윙과 다운스윙을 하여 스윙을 완성했을 때, 임팩트에 앞서 골퍼의 얼굴이 친구가 쥐고 있는 클럽의 그립을 치게 되면 머리와 상체가 지나치게 빨리 미끄러져 앞서간다는 것이다. 따라서 임팩트 전에는 절대로 얼굴이 클

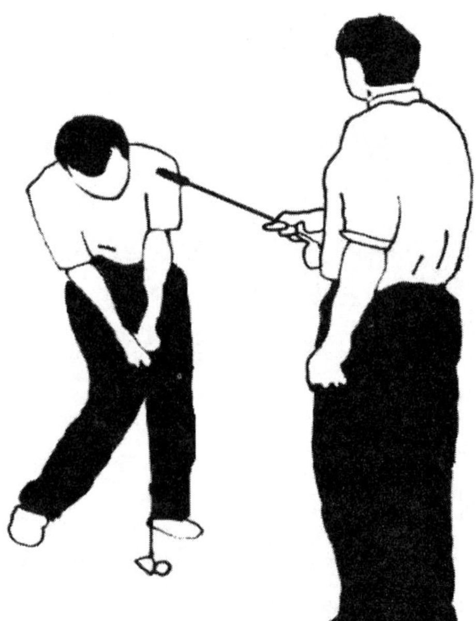

그림 6-8. 다운스윙 시 머리와 상체를 고정시키기

럽의 그립을 접촉하지 않도록 주의하면서 스윙을 완성하도록 연습한다. 이와 같은 연습은 공의 topping을 예방하는데 효과적인 방법이다.

〔문제 9〕 여성의 파워(power)없는 스윙
처치 : 그립 방법과 백스윙 교정
방법 : 강한 그립과 백스윙 간결하게 유지

대부분 여성 골퍼의 스윙을 보면 대체로 부드럽고 좋아 보인다. 그런데 공을 타격하면 상상외로 공이 멀리 날아가지 않는다. 즉, 공을 칠 때 힘있는 타격을 실행하지 못한다는 것이다. 그 문제점들을 크게 2 가지로 요약정리해 보면, 첫째, 약한 그립이거나 중립적인 그립으로 클럽을 쥐고 있다는 것이다. 강한 타격과 장타를 치기 위해서는 강한 그립을 쥐어야 한다는 것이다. 둘째, 부적절한 백스윙에 의한 체중이동의 문제이다. 여성들은 부드러운 몸과 함께 지나치게 커다란 백스윙을 가져가지만 대부분 백스윙에서 만들어진 파워와 동작을 다운스윙시 다시 왼쪽(앞쪽)으로 가져오지 못한다는 것이다. 결국 그러한 동작은 짧은 다운스윙과 펄로우-쓰루를 가져올 수밖에 없다. 한편 일부 여성들은 백스윙시에 체중을 왼쪽에 두고 스윙을 하다가, 다운스윙시 부족한 스윙의 크기와 파워를 얻기 위하여 무리하게 상체와 손을 쓰는 반작용으로 오히려 체중이 다시 오른쪽(뒤쪽)에 남게 만든다. 따라서 이에 대한 처치방법은 강한 그립과 백스윙의 교정에 있다.

① 클럽을 잡을 때, 가능하면 클럽을 손가락으로 잡는다고 생각하고 손가락과 손바닥이 만나는 지점에 놓고 강한 형태의 그립을 잡는다. 그리고 손등에서 3개의 돌기(knuckle)가 보이도록 해서 클럽을 쥔다(그림 3-8 참조).

② 백스윙을 할 때, 우선 손과 팔을 충분히 이완시켜서 자연스런 클럽이동을 만들어야 한다. 그리고 가능하면 코킹을 조금 빨리한다는 느낌으로 실시하여 간결한 백스윙을 유도한다. 그러면 체중도 자연스럽게 오른발 쪽으로 이동된다. 그리고 리듬 있는 백스윙과 함께 다운스윙과 펄로우-쓰루가 길게 만들어지면서 다시 체중이동이 왼발 쪽으로 만들어진다(그림 5-2 참조).

③ 한편 체중을 왼쪽에 두고 하는 백스윙(일명 reverse C형)을 한다는 것은 손으로 클럽을 뒤쪽으로 이동한다는 의미이다. 그러면 다운스윙시 거의 반사적으로 손으로 공을 치게 되고, 체중은 오히려 정반대인 오른쪽으로 이동된다. 따라서 위의 ②의 동작을 반복 연습하면 파워 있는 스윙에 효과적이다.

골프는 영혼을 구제하는 약이다.
골프는 인간들에게 사회적으로나 직업적으로 아무리 성공하고 큰 업적을 이룩했다 하여도 궁극적으로는 일개 인간에 불과하다는 엄숙한 진리를 가르친다.
인류에게 봉사하여야 되며, 거만해서는 안된다는 교훈을 안겨준다.
로마의 황제들이 골프를 치며 어려움을 배웠던들 멸망하지 않았을 것이며, 클레오파트라가 여성 골프대회에 나가서 한 라운드만 돌아보았다면 그토록 비참한 최후를 맞도록 처신하지는 않았을 것이다.

- 노 골퍼 -

주요 참고문헌

현준선(2006). 스윙플레인의 원리, 삼호미디어.

짐 맥린(1999). 골프다이제스트, 1999/9.

혜원 편집부(1993). 초보자를 위한 골프 가이드, 혜원출판사.

Andrisani, J. (1997). THE TIGER WOODS WAY : Secrets of Tiger Woods' Power-swing Technique. New York, NY, Crown Publishers, Inc.

Foston, P. (1994). Encyclopedia of Golf Techniques. Philadelphia : Courage Book.

Hogan, B. (1985). Five lessons : The modern fundamentals of golf. New York : A.S. Barnes and Company.

Jobe, F.W., Yocum, L.A., Mottram, R.E., & Pink, M.M .(1994). Exercise guide to better golf, Champaign, IL : Human Kinetics.

Leadbetter, D. (2000). The fundamentals of Hogan, Doubleday.

National Golf Foundation (1972). Twelve comprehensive, Professional Golf lessons with 100 illustration. Chicago, IL, NGF.

Owens, D. & Bunker, L. (1989). Golf : Steps to success. Champaign, IL : Human Kinetics.

Owens, D. & Bunker, L. (1992). Advanced golf : Steps to success. Champaign, IL : Human Kinetics.

Pelz, D. & Mastroni, N.(1989). Putt like the pros, Harper & Row, Publishers.

Penick, H. & Shrake, B.(1992). Harvey Penick's Little red book, New York, NY : Simon & Schuster.

Roberts, G.C., Spink, K.S., Pemberton, C.N (1986). Learning experiences in sport psychology, Champaign, IL : Human Kinetics.

Rotella, B (1995). Golf is not a game of perfect., New York, NY : Simon & Schuster.

Woods, T. & The Golfdigest (2001). How I play golf, Warner Books.

저자 **최 종 환(催 鍾 晥)**

- The University of Texas at Austin(이학박사)
- 운동처방, 트레이닝 방법론, 골프 전공(강의)
- 현) 충북대학교 체육학과 교수

골프스윙의 ABC

저　　자 : 최종환
발 행 처 : 도서출판 개신(충북대학교 출판부)
발 행 인 : 임 동 철
주　　소 : (361-763) 충북 청주시 흥덕구 개신동 12
전　　화 : (043) 261-2952, 3014
팩　　스 : (043) 274-1256
이 메 일 : presscbu@chungbuk.ac.kr
등　　록 : 제1983-2001-7호
초판1쇄 : 2007. 2. 16
인 쇄 처 : 삼성디자인기획 042)221-3111

ISBN 978-89-7295-129-2 93690

값 8,000원